Pay for Performance (P4P)im Gesundheitswesen: Leitfaden für eine erfolgreiche Einführung

Schriften zur Gesundheitsökonomie 19

Pay for Performance (P4P)im Gesundheitswesen: Leitfaden für eine erfolgreiche Einführung

Manfred Scheppach
Martin Emmert
Oliver Schöffski

Scheppach, Manfred
Emmert, Martin
Schöffski, Oliver

Universität Erlangen-Nürnberg
Lehrstuhl für Gesundheitsmanagement
Lange Gasse 20
90403 Nürnberg, Deutschland

Pay for Performance (P4P) im Gesundheitswesen: Leitfaden für eine erfolgreiche Einführung
Schriften zur Gesundheitsökonomie 19, HERZ, Burgdorf, 2011
ISBN 978-3-936863-18-5

Herstellung: Books on Demand GmbH, Norderstedt

Inhaltsverzeichnis

Abbildungsverzeichnis

Tabellenverzeichnis

Abkürzungsverzeichnis

ACGME	Accreditation Council for Graduate Medical Education
AHRQ	Agency for Healthcare Research and Quality
AQUA	Institut für angewandte Qualitätsförderung und Forschung im Gesundheitswesen
AQUIK	Ambulante Qualitätsindikatoren und Kennzahlen
AOK	Allgemeine Ortskrankenkasse
bspw.	beispielsweise
bzw.	beziehungsweise
CMS	Center for Medicare und Medicaid Services
d. h.	dass heißt
DTV	tiefe Venenthrombose
e. g.	exempli gratia (zum Beispiel)
HEDIS	Health Effectiveness Data and Information Set
HMO	Health Maintenance Organization
IHA	Integrated Healthcare Association
IT	Informationstechnologie
KBV	Kassenärztliche Bundesvereinigung
mmHg	Millimeter Quecksilbersäule
NQF	National Qualifications Framework

P4P	Pay for Performance
PHQID	Premier Hospital Quality Incentive Demonstration
PR	Public Reporting
QALY	Quality-adjusted life year
QISA	Qualitätsindikatoren-System für die ambulante Versorgung
RCT	Randomized controlled trial
ROI	Return on Investment
S.	Seite
SSRC	Student´s Scientific Research Centre
sog.	sogenannt
u. a.	und andere
U.S.	United States
USA	United States of America
vgl.	vergleiche
WHO	Weltgesundheitsorganisation
WPE	Whole Patient Equivalent
www	World Wide Web
z. B.	zum Beispiel

1. Einführung

1.1 Vergütungsentscheidung im Gesundheitswesen - Ein Zwiespalt zwischen Qualität und Kosteneffizienz

„Wer zusätzliche Qualität will, muss sie bezahlen.“[1] Dies waren die Worte von Georg Baum, Leiter der Unterabteilung Gesundheitsversorgung im Bundesministerium für Gesundheit und Soziale Sicherung, in Bezug auf die derzeitige Versorgungssituation im deutschen Gesundheitswesen. Laut dem Commitee on Quality of Health Care in America sterben jährlich Zehntausende aufgrund von Behandlungsfehlern und Hunderttausende leiden an nicht-tödlichen Behandlungsfolgen, die ein qualitativ hochwertiges Gesundheitssystem größtenteils vermieden hätte.[2] Genau hier setzt die neuartige Vergütungsform Pay for Performance (P4P) an.

Das Basiskonzept von P4P lässt sich am Besten anhand eines Beispiels erklären. Die beiden Freunde Klaus und Anton sind gleich alt und gesundheitlich auf gleichem Ausgangspunkt. Beide erlitten vor Kurzem einen Herzinfarkt und bekamen von der Versicherung den gleichen Betrag für den Krankenhausaufenthalt und die ärztliche Versorgung. Doch nun enden die Gemeinsamkeiten. Klaus erhielt stationär stets leitliniengetreue Versorgung in Bezug auf die Medikation, Raucherentwöhnungsberatung, Untersuchungen und Entlassungsinformationen. Anton hingegen hatte lange Wartezeiten in der Notaufnahme, wurde nicht auf sein Rauchverhalten angesprochen und wurde bei seiner Entlassung nicht darauf hingewiesen, weiterhin Aspirin zu nehmen. Wäre Anton in dasselbe Krankenhaus wie Klaus eingeliefert worden, hätte vielleicht sein zweiter Herzinfarkt ein paar Wochen später verhindert werden können. Die Bezahlung der beiden Krankenhäuser und Ärzte war identisch, obwohl sie ungleiche Leistungen erbrachten. Diesem Problem kann durch den Einsatz von P4P Rechnung getragen werden.[3]

---

[1] Aerztezeitung (2009c), S. 1.
[2] Vgl. Amelung, V. u.a. (2009), S. 25; Gonzalez, C. M. u.a. (2007), S. 402.
[3] Vgl. Meddings, J. A., McMahon Jr., L. F. (2008), S. 206.

Die Logik für qualitativ hochwertigere Arbeit einen Aufpreis zu zahlen ist nahezu in allen wirtschaftlichen Bereichen Standard.[4] Im Gesundheitssektor hat sich dies jedoch noch nicht durchgesetzt. Leistungserbringer wie Ärzte oder Pflegekräfte müssen für fehlerhafte und nicht-leitliniengerechte Behandlung nahezu keine finanziellen Konsequenzen befürchten und qualitativ hochwertige Versorgung wird nicht entsprechend anerkannt.[5] „Es mangelt an Qualität, Wettbewerb und Transparenz“[6] im deutschen Gesundheitswesen.

In Großbritannien und Amerika ist die P4P-Vergütung bereits seit Jahren ein elementarer Bestandteil des Gesundheitssystems.[7] Doch auch in Deutschland wird über diese neuartige Honorierungsform diskutiert und die Vor- und Nachteile einer zukünftigen Implementierung abgewogen.[8]

1.2 P4P als zukunftweisendes Vergütungskonzept in Deutschland

Das Bundesministerium für Gesundheit möchte in naher Zukunft mittels einer Studie den potentiellen Einsatz von P4P in Deutschland überprüfen. Es wird bemängelt, dass sich die deutsche Ärztevergütung bislang zu sehr an Prozessabläufen orientiert. Ein größerer Schwerpunkt sollte auf das Behandlungsergebnis gelegt werden, da dies für den Patient der entscheidende Faktor ist.[9] Die Allgemeine Ortskrankenkasse (AOK), der Verband der örtlichen Betriebskrankenkassen sowie die Kassenärztliche Bundesvereinigung (KBV) setzen sich, wie im Folgenden gezeigt wird, bereits intensiv mit diesem Thema auseinander.

Bereits im Jahr 2002 entwickelte die AOK in Zusammenarbeit mit dem Institut für angewandte Qualitätsförderung und Forschung im Gesundheitswesen (AQUA) das bundesweit erste Qualitätsindikatorenset für Praxisnetze, namens

---

[4] Vgl. KVB (2010), S. 9.
[5] Vgl. McNamara, P. (2005), S. 357.
[6] Aerztezeitung (2010b), S. 1.
[7] Vgl. Briesacher, B. A. u.a. (2009), S. 1.
[8] Vgl. Vaghela, P. u.a. (2009), S. 427.
[9] Vgl. Pharmazeutische Zeitung (2010), S. 1.

Qualitätsindikatoren-System für die Ambulante Versorgung (QISA). Die ersten der 15 Bände wurden im Jahr 2009 veröffentlicht. Der Katalog besteht aus über 100 Indikatoren, die sich auf zehn Kategorien beziehen und die Versorgungsqualität in ambulanten Arztpraxen, aber auch in Arztnetzen und medizinischen Versorgungszentren transparent machen sollen. Die ärztliche Vergütung kann sich an diesen Qualitätsindikatoren ausrichten und leistungsstärkere Ärzte können angebracht belohnt werden. Zudem können die ermittelten Leistungsdaten der Öffentlichkeit zur Verfügung gestellt werden und dadurch einen Wettbewerb unter den Leistungserbringern schaffen, was auch als Public Reporting (PR) bezeichnet wird.[10] Das Bundesland Bayern ist Vorreiter und setzte dieses System schon teilweise in die Realität um. So besteht z. B. ein Vertrag zwischen der AOK Bayern und dem Ärztenetz Nürnberg Süd, bei dem Leistungserbringer neben der normalen Vergütung für qualitativ überdurchschnittliche Leistung aus einem Zusatztopf der AOK belohnt werden.[11] „Die Ärzte verdienen zusätzlich, wenn sich Blutdruck- und –zuckerwerte ihrer Patienten normalisieren, die Medikamenteneinstellung bei Herzkranken funktioniert, wenn mindestens zwei Drittel aller über 60-Jährigen gegen Grippe geimpft sind und mindestens 40 Prozent aller Männer an einer Krebsvorsorge teilnehmen.“[12] Im Jahr 2007 schüttete die AOK insgesamt 72 Millionen Euro für derartige Bonuszahlungen aus.[13]

Im Jahr 2006 wurde eines der ersten deutschen P4P-Honierungsmodelle zwischen dem Verband der örtlichen Betriebskrankenkassen und dem Kinderwunsch Centrum München vereinbart. Ärzte erhalten in dieser Einrichtung für das Durchführen einer künstlichen Befruchtung eine Pauschale von 720 Euro pro Eingriff. Diese liegt zwar 30% unter dem Regelsatz, jedoch hat der Leistungserbringer die Chance für eine aus seiner Arbeit folgende gesunde Schwangerschaft mit einer Bonuszahlung von 2.152 Euro belohnt zu werden. Die Ärzte haben dadurch den

---

[10] Vgl. Aerztezeitung (2010a), S. 1; AOK (2009), S. 1; Lindenthal, J. u.a. (2004), S. 117-119.
[11] Vgl. Zander, B. (2008), S. 1.
[12] Zander, B. (2008), S. 1.
[13] Vgl. Zander, B. (2008), S. 1.

Anreiz sehr sorgsam zu arbeiten.[14] „Mit dieser Leistungsvergütung wollen die Kassen gute Ärzte und Praxisnetze belohnen und trotzdem sparen. Denn medizinische Pannen und Service-Mängel kosten im Nachhinein mehr Geld und vergrätzen außerdem die Versicherten.“[15]

Auch die KBV plant die Entlohnung der Leistungserbringer teilweise an der Behandlungsqualität auszurichten. Hierfür wurde bereits im Jahr 2006 ein Programm namens Ambulante Qualitätsindikatoren und Kennzahlen (AQUIK) etabliert. Dieses Projekt hat es sich zum Ziel gemacht, Indikatoren zu entwickeln, um die Qualität im ambulanten Sektor vergleichbar zu machen und mittelfristig die Vergütung daran zu bemessen.[16] „Als Ergebnis steht ein Set von 48 validen, fachgruppenspezifischen und fachgruppenübergreifenden sowie patientenorientierten und qualitätsmanagementbezogenen Qualitätsindikatoren zur Verfügung, die in verschiedenen Bereichen der vertragsärztlichen Versorgung angewandt werden können.“[17] Es ist jedoch derzeit noch offen, wann und wie das AQUIK flächendeckend eingesetzt wird.[18]

Wie diese Beispiele veranschaulichen, gibt es bereits erste Ansätze einer qualitätsorientierten Vergütung im deutschen Gesundheitswesen. Dieser Trend wird sich voraussichtlich in den nächsten Jahren fortsetzen.[19]

1.3 Forschungsziele der Arbeit

Das primäre Ziel dieser Arbeit ist es, durch die Analyse bereits international durchgeführter Programme der qualitätsorientierten Vergütung, eine Hilfestellung bei der Ausgestaltung zukünftiger deutscher P4P-Projekte zu geben. Hierzu wird auf Grundlage von Studiendaten ein Leitfaden entwickelt, der sich mit den wichtigsten Kernfragen dieser neuen Vergütungsform auseinandersetzt und Empfeh-

---

[14] Vgl. Zander, B. (2008), S. 1.
[15] Zander, B. (2008), S. 1.
[16] Vgl. Szecsencyi, J. u.a. (2003), S. 19.
[17] Aerztezeitung (2009a), S. 1287.
[18] Vgl. Aerztezeitung (2010c), S. 1; KVB (2010), S. 11.
[19] Vgl. Vaghela, P. u.a. (2009), S. 427.

lungen bzw. potentielle Risiken bei der Neugestaltung solcher Programme aufzeigt. Es ergeben sich die folgenden fünf zentralen Forschungsfragen für diese Arbeit:

- Welche und wie viele systematische Reviews und Metaanalysen wurden bereits zu diesem Thema verfasst? Wie lassen sich diese nach bestimmten Kriterien kategorisieren und was sind deren zentrale Implikationen?
- Was gilt es in Bezug auf die Anreizgestaltung, Messgrößenauswahl und Dokumentation bei der Neuimplementierung von P4P-Programmen in Deutschland zu berücksichtigen?
- Sollte P4P in Kombination mit nicht-finanziellen Anreizen, wie z. B. der Veröffentlichung der Leistungsdaten, eingesetzt werden?
- Welche Schlussfolgerungen können aus bisher durchgeführten P4P-Programmen bezüglich der Qualitätssteigerung und den auftretenden unerwünschten Nebenwirkungen gezogen werden?

Was gilt es bei einer Spezifikation von P4P, im Speziellen der Ausrichtung finanzieller Anreize auf die Patientenebene, zu berücksichtigen?

1.4 Struktur der Arbeit

Die Arbeit gliedert sich in vier Themenbereiche, wie in Abbildung 1 dargestellt.

Abbildung 1: Aufbau der Arbeit[20]

[20] Quelle: Eigene Darstellung.

Das Kapitel *Theoretische Grundlagen* greift zunächst verschiedene Begriffsdefinitionen von P4P auf, um deren gemeinsame Kernelemente herauszuarbeiten. Es folgt eine kurze Darstellung der Vor- und Nachteile. Anschließend wird auf die verschiedenen Möglichkeiten der Anreizgestaltung und der Messgrößenauswahl eingegangen, um ein Grundverständnis von P4P zu erhalten und dem weiteren Vorgehen der Arbeit besser folgen zu können. Beispielprogramme dienen dabei der Veranschaulichung. Der zweite Teil dieses Kapitels beschäftigt sich mit den Grundlagen und dem allgemeinen Aufbau eines systematischen Reviews, um die im Folgekapitel durchgeführten Schritte nachvollziehen zu können.

Das Kapitel *Systematischer Review* dient der Schaffung einer Datenbasis, um zentrale, bereits in der Vergangenheit zu diesem Thema in Studien herausgearbeitete, Implikationen zu identifizieren. Zunächst wird auf den wissenschaftlichen Hintergrund der Arbeit eingegangen. Dieser gibt Auskunft darüber, was bisher zu diesem Thema geforscht wurde und liefert eine Begründung für die Durchführung dieser Arbeit.[21] Zur Nachvollziehbarkeit des Reviewprozesses wird anschließend die Recherchemethodik zur Identifikation der für die Arbeit relevanten Publikationen dargelegt. Diese beinhaltet die Definition der Fragestellung, die Festlegung von Suchbegriffen und Einschlusskriterien, die Auswahl der Datenbanken, die Extraktion der themenfremden Arbeiten sowie die Qualitätsbewertung der eingeschlossenen Reviews. Die durch dieses Verfahren ausgewählten Übersichtsarbeiten werden anschließend mit Hilfe von drei Mindmaps nach bestimmten Kriterien kategorisiert sowie der zentrale Inhalt und wichtige Implikationen durch Kurzbeschreibungen der Publikationen zusammengefasst.

Die aus dem systematischen Review gewonnen Daten werden im zentralen Kapitel 4 genutzt, um einen *Leitfaden* für die Neuimplementierung von P4P-Programmen in Deutschland zu entwickeln. Hierzu werden Empfehlungen für die Anreizausgestaltung in Bezug auf Empfängerebene, Bemessungsgrundlage, Strafzahlungen, Anreizhöhe, Finanzierungsquelle und Dauer der Anreizgewährung gegeben.

[21] Vgl. Higgins, J., Green, S. (2008), S. 56.

Anschließend werden Indikationsbereiche dargestellt, welche großes Potenial für den Einsatz von P4P aufweisen und eine Hilfestellung für die Auswahl der Messgrößen wird gegeben. Der Dokumentation der ärztlichen Leistung widmet sich das dritte Unterkapitel, bevor näher auf die zu berücksichtigenden unerwünschten Nebenwirkungen der qualitätsorientierten Vergütung eingegangen wird und Lösungsansätze hierfür genannt werden. Da P4P häufig in Kombination mit einer Veröffentlichung der ermittelten Leistungsdaten oder weiteren nicht-monetären Qualitätsverbesserungsstrategien eingesetzt wird, untersucht der fünfte Unterpunkt des Leitfadens die Auswirkungen dieses Aspekts. Anschließend wird beurteilt, inwieweit eine Aussage zur Effektivität von P4P möglich ist und auf den wichtigen Einfluss von Umweltbedingungen in diesem Zusammenhang eingegangen. Das letzte Unterkapitel widmet sich einer Spezifikation der P4P-Vergütung, im Speziellen der Verwendung von finanziellen Anreizen zur Steigerung der Patientenkooperation.

Im letzten Kapitel *Zusammenfassung und Ausblick* werden nochmals die Schlüsselergebnisse der Arbeit zusammenfasst und Limitationen der Recherche dargestellt, um die Aussagefähigkeit der aus den Reviews gewonnenen Implikationen besser einschätzen zu können. Es erfolgt eine Beantwortung der Forschungsfragen, bevor im letzten Unterkapitel das Potenial von P4P als zukunftsweisende Vergütungsform in Deutschland diskutiert wird.

2. Theoretische Grundlagen

Um ein grundlegendes Verständnis von P4P zu erhalten und dem in dieser Arbeit durchgeführten systematischen Review folgen zu können, wird zunächst auf die zentralen Merkmale dieser Vergütungsform eingegangen (siehe Kapitel 2.1). Daran anschließend erfolgt eine Erläuterung des allgemeinen standardisierten Vorgehens für die Erstellung eines systematischen Reviews (siehe Kapitel 2.2).

2.1 Basiswissen der qualitätsorientierten Vergütung

In diesem Gliederungspunkt wird das Konzept der qualitätsorientierten Bezahlung bezüglich der grundlegenden Aspekte Definition, Vor- und Nachteile, historische Entwicklung, Anreizgestaltung und Messgrößenauswahl kurz dargestellt (siehe Kapitel 2.1-2.5). Beispielprogramme dienen der Veranschaulichung (siehe Kapitel 2.6).

2.1.1 Begriffsdefinition

Bereits eine Vielzahl an Autoren versuchte das Konzept der qualitätsorientierten Vergütung zu beschreiben. Beispielhaft werden drei mögliche Umschreibungen von P4P in Abbildung 2 dargestellt.

Baker	"P4P incentive programs differentiate payment among providers based on performance of quality and efficiency measures so that desired outcomes occur through changed behaviour."
McNamara	"Pay for performance, depending on the context, refers to financial incentives that reward providers for the achievement of a range of payer objectives, including delivery efficiencies, submission of data and measures to payer, and improved quality and patient safety."
Wodchis, Ross und Detsky	"Pay for performance is a catchphrase for a management tool that establishes incentives for clinicians and institutions that deliver health care services to deliver care that third parties deem is necessary and appropriate to achieve the highest quality standards and best outcomes."

Abbildung 2: Definitionen von P4P[22]

[22] Quelle: Eigene Darstellung in Anlehnung an Baker, G. (2003), S. 3; Greene, S. E., Nash, D. B. (2009), S. 144; McNamara, P. (2006), S. 5.

Weitere Definitionen finden sich in den Übersichtstabellen der eingeschlossenen Studien im Anhang. Gemeinsam ist nahezu allen Definitionen, dass P4P-Programme darauf abzielen, die Leistungsvergütung nicht an der Intensität der medizinischen Versorgung, sondern an der Qualität und Effektivität der Behandlung auszurichten.[23] Traditionelle Vergütungssysteme im deutschen Gesundheitswesen orientieren sich derzeit hauptsächlich an der Dauer und der Anzahl der durchgeführten Behandlungen. Die Leistungserbringer erhalten dabei ein festes Gehalt, eine Kopf-, Fall- oder Tagespauschale, einen Leistungskomplex, eine Einzelleistungsvergütung oder eine Faktorkostenerstattung.[24] Die Qualitätskomponente wird nahezu vollständig vernachlässigt.[25]

Bei der Beschreibung des P4P-Konzepts steht man vor der Herausforderung eine einheitliche Definition für Qualität im Gesundheitswesen zu finden. „Es gibt so viele Definitionen der Qualität wie Leute, die sie definieren, und es besteht keine Einigung darüber, was Qualität ist oder sein sollte.“[26] Laut einer Definition des Academic Emergency Medicine Consensus versteht man unter medizinischer Qualität „einen Versorgungsstandard, den Gesundheitsexperten gerne erhalten würden, wenn sie selbst krank sind.“[27] Diese Definition ist jedoch sehr subjektiv und es ist zudem entscheidend, von welcher Sichtweise die Qualitätsbetrachtung ausgeht. Wie die Abbildung 3 aufzeigt, konzentrieren sich Patient, Arzt und Krankenkasse auf unterschiedliche Aspekte einer qualitativ hochwertigen Behandlung.[28]

[23] Vgl. Baker, G. (2003), S. 3.
[24] Vgl. Amelung, V. E., Zahn, T. P. (2009), S. 14-15.
[25] Vgl. Sikka, R. (2007), S. 756.
[26] Jaster, H. J. (1997), S. 11.
[27] Cone, D. u.a. (2002), S. 1089.
[28] Vgl. Fleßa, S. (2007), S. 240.

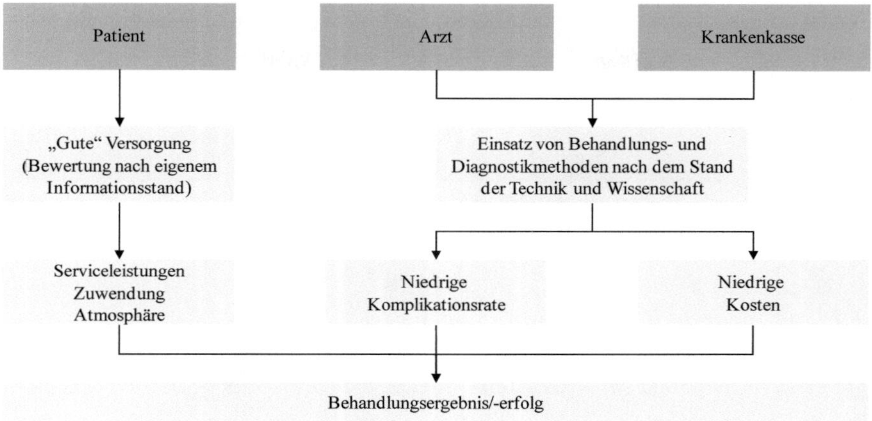

Abbildung 3: Qualitätssichtweisen von Patient, Arzt und Krankenkasse[29]

Nicht nur im Leistungserbringerbereich findet P4P Einsatz. Die Bonuszahlung kann auch bei pflegerischen Tätigkeiten, im Arzneimittelbereich oder für Patienten verwendet werden. Auf diese Sonderformen wird im Verlauf der Arbeit noch genauer eingegangen.

Internationale Erfahrungen zeigen, dass neben der Vielzahl an Vorteilen auch unerwünschte Konsequenzen mit solch einem Vergütungssystem verbunden sind, wovon einige im Folgenden kurz erläutert und in Kapitel 4.4 noch vervollständigt werden.

2.1.2 Vor- und Nachteile der qualitätsorientierten Vergütung

Im Folgenden werden zunächst die Vorteile dieser neuartigen Vergütungsform erläutert, bevor im Anschluss die Nachteile aufgezeigt werden.

Die wohl wichtigste *Vorteil* von P4P-Programmen im Vergleich zu herkömmlichen Vergütungssystemen ist der Anreiz für Leistungsanbieter eine qualitativ

[29] Quelle: In Anlehnung an Fleßa, S. (2007), S. 240.

hochwertige Behandlung durchzuführen und sich nicht ausschließlich an der Anzahl der durchgeführten Tätigkeiten zu orientieren. Dabei profitieren neben den Ärzten auch die Patienten und Kostenträger von einer Qualitätsverbesserung der Versorgung.[30] Durch den Einsatz von evidenzbasierter Medizin, der durch P4P-Programme gefördert wird, können sowohl Behandlungs- als auch Medikationsfehler reduziert werden. Gerade im Bereich der chronischen Krankheiten und bei präventiven Maßnahmen kann es durch P4P langfristig zu erheblichen Qualitätsverbesserungen kommen.[31]

Da die Messung der Qualitätsindikatoren meist nicht einmalig, sondern über den gesamten Behandlungsprozess erfolgt, findet eine langfristige Kontrolle der ärztlichen Leistung statt. Dies erhöht die Transparenz für die Krankenkassen. So kann z. B. die Angebrachtheit eines langen klinischen Aufenthalts besser beurteilt werden und entsprechende Konsequenzen können folgen.[32]

Häufig kommt es in Kombination mit P4P zu einer Veröffentlichung der ermittelten ärztlichen Leistungsdaten im Internet oder in anderer Form, was auch als PR bezeichnet wird. Dadurch kann der Entscheidungsprozess des Patienten bei der Wahl seines Arztes oder Krankenhauses stark beeinflusst werden, was wiederum indirekt einen Einfluss auf die Vergütung der Leistungserbringer hat.[33] Die Ärzte stehen somit unter einem Konkurrenzdruck.

Zu guter Letzt kann es durch den Einsatz einer erfolgsorientierten Vergütung auch zu einer Senkung der Kosten kommen, da durch eine qualitativ hochwertige Behandlung die Wahrscheinlichkeit für Folgeerkrankungen und Komplikationen sinkt.[34] Bei dem derzeitigen Kostendruck im Gesundheitswesen mit jährlichen

---

[30] Vgl. Amelung, V. u.a. (2009), S. 26.
[31] Vgl. Baker, G. (2003), S. 4.
[32] Vgl. Baker, G. (2003), S. 4.
[33] Vgl. Emmert, M. (2008), S. 74.
[34] Vgl. Baker, G. (2003), S. 4.

Gesundheitsausgaben von 263 Milliarden Euro im Jahr 2008 und einer steigenden Tendenz ist dies ein entscheidender Faktor.[35]

Die qualitätsorientierte Vergütung hat jedoch, wie nahezu jedes andere Vergütungssystem im Gesundheitswesen, auch *negative Eigenschaften*. Ein entscheidender Nachteil ist die mögliche Selektion der Patienten, häufig als Cherry-Picking oder negative Risikoselektion bezeichnet. Patienten mit Erkrankungen, die nicht im Bonusprogramm enthalten sind oder bei denen es sehr aufwendig oder unwahrscheinlich ist die Zielwerte zu erreichen, können durch den Einsatz von P4P benachteiligt behandelt werden.[36]

Es ist schwer, die tatsächliche Leistung eines Arztes zu messen. Der Gesundheitszustand ist neben der eigentlichen medizinischen Versorgung von vielen anderen Faktoren abhängig. Das soziale Umfeld wie Erziehung und Einkommen, die physische Umwelt wie die Luft- und Wasserqualität, das individuelle Verhalten und genetische Vorbelastungen der Patienten spielen eine sehr große Rolle für den Behandlungsverlauf.[37]

Der Patient durchläuft während seines Behandlungsprozesses oft verschiedene Spezialisten. Man steht vor der Herausforderung, den Anteil eines Leistungserbringers am Behandlungserfolg zu quantifizieren.[38]

Dies ist nur ein kleiner Auszug der möglichen Konsequenzen von P4P. Bei der Analyse der eingeschlossenen Studien wird noch auf weitere positive Eigenschaften (siehe Kapitel 4.6) sowie unerwünschte Nebenwirkungen eingegangen (siehe Kapitel 4.4). Zunächst wird jedoch ein kurzer Einblick in die Entstehungsgeschichte dieser neuartigen Vergütungsform gegeben.

[35] Vgl. Statistisches Bundesamt (2010), S. 1.
[36] Vgl. Amelung, V. u.a. (2009), S. 25.
[37] Vgl. Harbaugh Jr., N. (2009), S. 998.
[38] Vgl. Harbaugh Jr., N. (2009), S. 998.

2.1.3 Historische Entwicklung von P4P

Das Konzept der qualitätsorientierten Bezahlung im Gesundheitswesen ist amerikanischen Ursprungs. Bereits 1993 fanden sich einzelne qualitätsbezogene Komponenten in den Vergütungsverträgen einiger Health Maintenance Organizations (HMOs).[39] Richtige Aufmerksamkeit erlangte P4P jedoch durch zwei Publikationen des Institut of Medicine. Sowohl die erste Veröffentlichung im Jahr 2000 namens *To Err is Human: Building a Safer Health Care System* als auch die Zweite namens *Crossing the Quality Chasm* im folgenden Jahr zeigten erhebliche Qualitätsmängel im amerikanischen Gesundheitssystem auf.[40] Es wird von weitreichenden Behandlungsfehlern und Unterversorgung berichtet. Laut dieser Studien starben jährlich durchschnittlich 98000 Amerikaner aufgrund von medizinischen Fehlern und nur 55% aller Patienten erhielten eine leitliniengetreue Behandlung.[41] Unterstützt wurde diese Aussage durch die Weltgesundheitsorganisation (WHO), die einen Weg hin zu einer strategischen, erfolgsorientierten Bezahlung empfohlen hatte.[42] Im Jahr 2002 finanzierten daraufhin die Robert Wood Johnson Foundation und die California Healtcare Foundation sieben Projekte zur Implementierung von Anreizen für eine qualitativ hochwertigere Versorgung, wovon das Integrated Health-Care Association P4P-Programm in Kalifornien mit 6,5 Millionen Patienten das Größte war.[43]

Als europäisches Referenzprojekt gilt das Quality and Outcomes Framwork (QOF) aus Großbritannien, welches im April 2004 ins Leben gerufen wurde. Die hausärztliche Qualität soll mittels finanzieller Anreize verbessert werden.[44] Britische Hausärzte erhalten rund 25% ihres jährlichen Einkommens, etwa 27.000 Euro, abhängig von dem Erreichen von etwa 146 evidenzbasierten Qualitätsindikatoren, hauptsächlich im Sektor der chronischen Krankheiten, Prävention und Pra-

---

[39] Vgl. Christianson, J. B. u.a. (2008), S. 6.
[40] Vgl. Institute of Medicine (2001), S. 1.
[41] Vgl. Amelung, V. u.a. (2009), S. 25; Gonzalez, C. M. u.a. (2007), S. 402.
[42] Vgl. Alshamsan, R. u.a. (2010b), S. 178.
[43] Vgl. McDonald, R. u.a. (2009), S. 752.
[44] Vgl. Amelung, V. u.a. (2009), S. 28-29; Burgdorf, F. u.a. (2009), S. 2.

xisversorgung.[45] Die Qualität wird dabei in den vier verschiedenen Bereichen Patientenversorgung, Patientenorganisation, Patientenzufriedenheit und zusätzlichen Leistungen gemessen und mit Punkten bewertet. In Abbildung 4 werden die Elemente der einzelnen Unterkategorien sowie die Verteilung der Punkte übersichtlich dargestellt.[46]

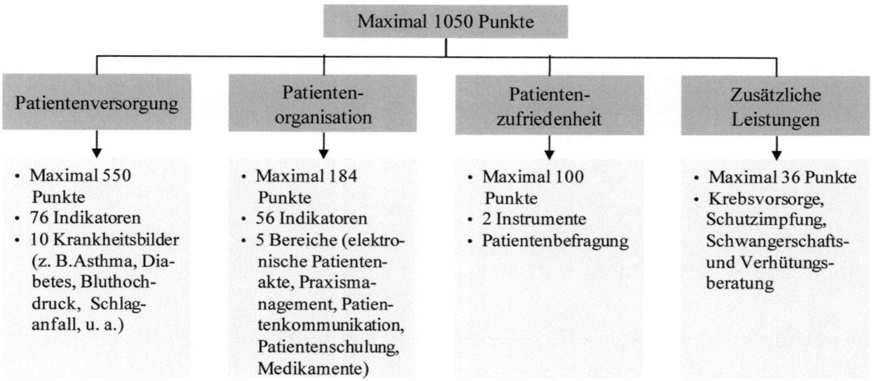

Abbildung 4: Qualitätsindikatoren des QOF[47]

Trotz freiwilliger Teilnahme sind bereits 99,8% aller britischen Praxen in diesem Programm eingeschrieben. Wie Abbildung 5 anschaulich darstellt, kam es in Großbritannien durch den Einsatz von P4P zu einem positiven Anstieg der Qualitätsindikatoren in den Bereichen Asthma, koronare Herzerkrankung und Diabetes im Vergleich zu einer Entwicklung ohne P4P.[48] Doch nicht in allen Indikationsbereichen waren positive Ergebnisse zu berichten. Zum Beispiel scheiterte der Versuch die Versorgungsqualität von Hypertonikern mittels finanziellen Anreizen zu steigern.[49]

---

[45] Vgl. McDonald, R. u.a. (2009), S. 751; Meddings, J. A., McMahon Jr., L. F. (2008), S. 206.
[46] Vgl. Burgdorf, F. u.a. (2009), S. 1.
[47] Quelle: Eigene Darstellung in Anlehnung an Chenot, R. (2007), S. 243.
[48] Vgl. Campbell, S. M. u.a. (2009), S. 376.
[49] Vgl. Aerztezeitung (2011), S. 1.

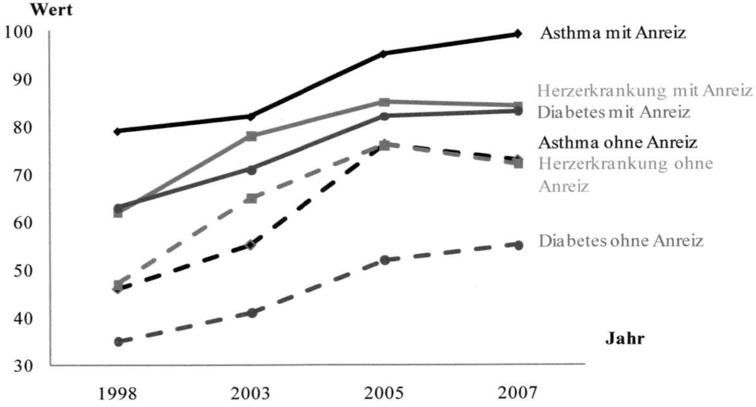

Abbildung 5: Indikatorenentwicklung in Großbritannien[50]

In den Folgejahren nach Einführung des QOF war primär in Großbritannien und Amerika ein Anstieg der P4P-Programmanzahl ersichtlich. Im Jahr 2009 enthielt etwa die Hälfte aller durchgeführten amerikanischen Medicaid-Programme eine P4P-Komponente und 85% der Programminitiatoren planen es bis zum Jahr 2014 einzuführen.[51] In Deutschland steht man noch am Anfang der Einwicklung einer leistungsorientierten Vergütung, wie bereits in Kapitel 1.2 dargestellt wurde. Erste Programme zeigen jedoch auch hier einen Trend in Richtung P4P.[52]

Der langfristige Erfolg von P4P hängt entscheidend von der Akzeptanz der Programme seitens der Leistungsanbieter ab. Dabei spielt die Anreizgestaltung eine sehr wichtige Rolle, auf die im Folgenden näher eingegangen wird.

[50] Quelle: Eigene Darstellung in Anlehnung an Campbell, S. M. u.a. (2009), S. 376.
[51] Vgl. Aerztezeitung (2009b), S. 1284; Briesacher, B. A. u.a. (2009), S. 1.
[52] Vgl. Amelung, V. u.a. (2009), S. 25.

2.1.4 Anreizgestaltung

Um Leistungserbringer zu einer Verhaltensänderung zu motivieren und für ihre qualitativ hochwertige Arbeit zu belohnen, bedarf es bestimmter Anreize, die sowohl finanzieller als auch nicht-finanzieller Art sein können.[53]

Um finanzielle Anreize gerecht an die Leistungserbringer zu verteilen, unterscheidet man drei Möglichkeiten. Richtet sich die Bonuszahlung nach dem Erreichen eines vorher festgelegten Schwellenwerts, einem sog. Benchmark, so profitieren nur die absoluten Top-Performer.[54] Zum Beispiel erhält ein Arzt zusätzliches Geld, wenn eine Impfrate von mindestens 90% aller in der Praxis eingeschriebenen Kinder erzielt wird.[55] Bei der zweiten Alternative, der Belohnung der relativen Delta-Performer, wird hingegen die Leistungsverbesserung im Vergleich zu Vorjahres- oder Vergangenheitswerten als Bemessungsgrundlage herangezogen.[56] Bei der dritten Variante, der Belohnung von relativen Top-Performern, wird ein Leistungsranking der möglichen Empfänger erstellt. Die Anreizzahlung erfolgt dabei in Abhängigkeit von den Leistungen anderer Krankenhäuser oder Praxen. Nur z. B. die besten 10% der Krankenhäuser bekommen einen Bonus, die Restlichen erhalten keine Zahlung.[57] Die folgende Tabelle 1 gibt einen Überblick über die verschiedenen Bemessungsgrundlagen mit Vor- und Nachteilen.[58]

---

[53] Vgl. Harbaugh Jr., N. (2009), S. 1002.
[54] Vgl. Christianson, J. B. u.a. (2008), S. 31.
[55] Vgl. Achat, H. u.a. (1999), S. 285.
[56] Vgl. Rosenthal, M. B. u.a. (2004), S. 143.
[57] Vgl. Van Herck, P. u.a. (2010), S. 21-23.
[58] Vgl. Sikka, R. (2007), S. 757.

Zielgestaltung	Vorteile	Nachteile
Absolute Zielerreichung (Bonus, wenn bestimmter Wert erreicht)	• Klare Erwartungen reduzieren Unsicherheit • Bessere Planung möglich	• Kostenineffektivität, da Boni hauptsächlich für bereits Leistungsstarke • Kein Anreiz zur Leistungsverbesserung, wenn absoluter Wert bereits erreicht • Kann Leistungsschwächere demotivieren sich zu verbessern
Relative Zielerreichung (Bonus, wenn z. B. unter den 10% der Besten)	• Kann Wettbewerb unter den Besten auslösen	• Unsicherheit, ob Einsatz für Qualitätssteigerung auch belohnt wird • Kann den Einsatzwillen unter den Leistungsschwächeren mindern
Veränderung zum Vorjahr	• Ermutigt Leistungserbringer mit bisher schlechter Leistung sich zu steigern • Unsicherheit wird reduziert, wenn absolute Verbesserungswerte definiert sind	• Bereits Leistungsstarke haben weniger Spielraum für Verbesserung • Bisher Leistungsschwache können höhere Boni als die Leistungsstarken erlangen
Kombination aus den genannten Möglichkeiten	• Fördert die Teilnahme aller Leistungserbringer	• Führt zu Komplexität und Kosten • Bisher Leistungsschwache können höhere Boni als die Leistungsstarken erlangen

Tabelle 1: Anreizbemessungsgrundlagen mit Vor- und Nachteilen[59]

Bezüglich der Bonushöhe lässt sich tendenziell sagen, dass je höher der finanzielle Anreiz, desto mehr Einfluss hat dieser auf die Leistungsqualität.[60] Jedoch gibt es hierfür auch zahlreiche Ausnahmen, wie Kapitel 4.1.4 aufzeigt. Im Jahr 2009

[59] Quelle: Eigene Darstellung in Anlehnung an Annemans, L. u.a. (2009), S. 21-24; Cannon, M. F. (2007), S. 17.
[60] Vgl. Doran, T., Fullwood, C. (2007), S. 361.

lagen die Bonuszahlungen in Amerika bei 5-10% der normalen Vergütung für individuelle Leistungserbringer und bei 1-2% für Kliniken.[61]

Zu den meistgenutzten *nicht-finanziellen* Anreizen, die in Kombination mit P4P eingesetzt werden, zählt das PR sowie das interne Feedback. Durch PR, was die Veröffentlichung von Daten zu Wartezeiten, klinischer Qualität, Patientenzufriedenheit, Patientensicherheit oder Behandlungsergebnis beinhaltet, stehen Ärzte untereinander in Konkurrenz und müssen hohe Behandlungsqualität liefern, um bei Rankings nicht im unteren Feld zu landen und einen rentablen Patientenstamm zu erhalten bzw. zu bekommen.[62] Durch interne Feedbackgespräche erhöht sich die Transparenz des Behandlungsprozesses. Dadurch können Schwachstellen identifiziert und behoben werden.[63] Daneben gibt es noch eine Vielzahl an weiteren Qualitätsverbesserungsmaßnahmen, welche jedoch meist unabhängig von P4P gewährt werden und auf die in Kapitel 4.5 noch genauer eingegangen wird.

Sowohl finanzielle als auch nicht-finanzielle Anreize zielen darauf ab, die Leistungserbringer zu einer höherwertigen Arbeit zu motivieren. Nicht-finanzielle Belohnungen dürften laut der Studie von *Harbaugh* einen stärkeren Anreiz auf die Leistungsanbieter haben, da die Boni derzeit meist noch zu gering sind, um von den Ärzten wirklich berücksichtigt zu werden.[64]

Um die Ärzte für eine bestimmte Leistung zu belohnen, ist es notwendig, die Qualität der Behandlung zu erfassen. Hierfür gilt es geeignete Messgrößen zu identifizieren.

2.1.5 Messgrößen

Bei der Indikatorenauswahl sollte zunächst entschieden werden, ob das P4P-Programm im chronischen, akuten, präventiven oder rehabilitativen Bereich durchgeführt wird. Chronische Krankheiten zeichnen sich durch eine lang andau-

---

[61] Vgl. Aerztezeitung (2009b), S. 1284.
[62] Vgl. Harbaugh Jr., N. (2009), S. 1003.
[63] Vgl. Fung, C. H. u.a. (2008), S. 111.
[64] Vgl. Harbaugh Jr., N. (2009), S. 1003.

ernde und wiederkehrende Erkrankung aus, bei der keine vollständige Genesung zu erwarten ist. Beispiele hierfür sind Asthma oder Demenz. Akute Krankheiten hingegen sind zeitlich begrenzt, wie z. B. eine Grippeerkrankung, während Präventivmaßnahmen der Gesundheitsvorsorge zur Vermeidung der Erkrankung dienen. Hierzu zählen z. B. Impfungen und Screeningmaßnahmen.[65] Unter Rehabilitationstätigkeiten versteht man „Maßnahmen zur Versorgung und/oder Wiederherstellung von Körperfunktionen oder zur Kompensation des Verlustes bzw. des Fehlens einer Körperfunktion oder einer funktionalen Einschränkung."[66] Hierunter fallen z. B. Aktivitäten wie Krankengymnastik oder das Durchführen von Beratungsgesprächen im Diabetesbereich.[67]

Nach der Festlegung der Versorgungsart gilt es geeignete Qualitätsmessgrößen auszuwählen. „Qualitätsindikatoren sind Maßzahlen, die die Qualität einer Einheit durch Zahlen oder Zahlenverhältnisse indirekt abbilden."[68] Eine Reihe von unabhängigen Organisationen arbeitet an der Identifikation von geeigneten Indikatoren zur Beurteilung der durch die Leistungserbringer erbrachten Versorgungsqualität. Institute wie das National Quality Forum, das National Commitee for Quality Assurance, die Joint Commission for the Accreditation Healthcare Organizations, die Agency for Healthcare Research and Quality, Bridges to Excellence und die Leapfrog Group sind in diesem Bereich zu nennen.[69]

Man unterscheidet drei Arten von Messgrößen, nämlich Struktur-, Prozess- und Ergebnisindikatoren. Strukturindikatoren erfassen die Ausstattung der Praxis. Eine gute Ausstattung kann sich positiv auf den Versorgungsprozess auswirken. Beispiele hierfür sind Informationstechnologien wie der Emailzugang zu Ärzten, Erinnerungssysteme oder die elektronische Patientenakte.[70] Prozessindikatoren hingegen überprüfen, ob der Leistungserbringer sich an wissenschaftsbasierten

[65] Vgl. Arnold, M. u.a. (2000), S. 67-68; Kane, R. u.a. (2004), S. 1.
[66] Becker, T. u.a. (2007), S. 3-4.
[67] Vgl. Becker, T. u.a. (2007), S. 345.
[68] Aerztezeitung (2009a), S. 1286.
[69] Vgl. Deas Jr., T. M. (2006), S. 648.
[70] Vgl. Amelung, V. E., Zahn, T. P. (2009), S. 32.

Leitlinien orientiert, wie z. B. bei der Überwachung des Diabetesverlaufs. Als dritte Möglichkeit gibt es noch Ergebnisindikatoren. Diese beurteilen den Zustand des Patienten nach der Behandlung.[71] Weitere Beispiele für die unterschiedlichen Indikatorenarten sind aus der nachfolgenden Abbildung 6 ersichtlich.

Strukturqualität	Prozessqualität	Ergebnisqualität
• Qualifikation des Arztes • Anzahl und Qualifikation des Personals • Praxiseinrichtung und Organisation • Technische Ausstattung • Erreichbarkeit der Praxis	• Anamnese- und Untersuchungstechnik • Therapie des Arztes • Pflegemaßnahmen • Indikationsstellung bei Über- oder Einweisung • Zusammenarbeit mit Kollegen • Gesprächsführung	• Besserung oder Heilung von Krankheiten • Änderungen gesundheitsbezogener Verhaltensweisen • Patientenzufriedenheit

Abbildung 6: Qualitätsdimensionen nach Donabedian[72]

Ergebnisindikatoren sind grundsätzlich am Bedeutendsten. Jedoch ist deren Messung sehr komplex und hängt von vielen externen Faktoren ab. Daher wird meist auf eine Mischung verschiedener Indikatoren zurückgegriffen.[73] Im Folgenden werden beispielhaft drei Indikatorenkataloge kurz dargestellt.

Das Health Effectiveness Data and Information Set (HEDIS) ist der meistgenutzte Katalog von standardisierten Messgrößen im Bereich P4P.[74] Abgeleitet von evidenzbasierten, amerikanischen Behandlungsrichtlinien wurde der Katalog von dem National Commitee for Quality Assurance entwickelt und ständig erweitert. Derzeit sind 71 Indikatoren aus acht Versorgungsbereichen enthalten.[75]

Das bereits in Kapitel 1.2 angesprochene Qualitätsindikatorenset der AOK besteht aus über 100 Indikatoren, die sich auf 11 Kategorien beziehen. Dabei handelt es

---

[71] Vgl. Deas Jr., T. M. (2006), S. 649.
[72] Quelle: Eigene Darstellung in Anlehnung an Emmert, M. (2008), S. 18.
[73] Vgl. Amelung, V. E., Zahn, T. P. (2009), S. 36.
[74] Vgl. Littman, B. (2006), S. 22; Wagner, K., Lenz, I. (2007), S. 135-137.
[75] Vgl. NCQA (2011), S. 1.

sich um netz-, krankheits- und leistungsbezogene Indikatoren.[76] Abbildung 7 stellt die einzelnen Elemente mit den jeweiligen betroffenen Diagnosebereichen zusammengefasst dar.

Netzbezogen	Krankheitsbezogen	Leistungsbezogen
• Allgemeine Merkmale von Arztnetzen	• Akuter Rückenschmerz • Alkoholsucht • Asthma Bronchiale • Depression • Diabetes Typ 2 • Hypertonie • Koronare Herzkrankheit	• Laboruntersuchungen • Pharmakotherapie • Prävention

Abbildung 7: Qualitätsindikatoren der AOK[77]

Um in den Katalog aufgenommen zu werden, müssen die Indikatoren „valide, evidenzgestützt, praktikabel, beeinflussbar und effektiv sein."[78]

Der von der KBV entwickelte Indikatorenkatalog enthält fachgruppenspezifische und -übergreifende Qualitätsmessgrößen für den ambulanten Bereich. Dabei wurden 48 Indikatoren aus folgenden Bereichen identifiziert:[79]

- Chronische Krankheiten aus dem kardiovaskulärer, muskuloskelettalen und neuropsychiatrischer Bereich
- Arzneimitteltherapiesicherheit
- Beratungen in Bezug auf Rauchverhalten und Übergewicht

[76] Vgl. Lindenthal, J. u.a. (2004), S. 117-119.
[77] Quelle: Eigene Darstellung in Anlehnung an Szecsencyi, J. u.a. (2003), S. 19.
[78] Szecsencyi, J. u.a. (2003), S. 19.
[79] Vgl. KBV (2009), S. 13-14.

- Qualitätsmanagementziele, wie bspw. die Praxisorganisation und die Dokumentation

- Präventive Maßnahmen, wie bspw. Impfungen

Es wird fortlaufend an der Entwicklung und Identifikation neuer Messgrößen gearbeitet, da je nach Umweltbedingung, Empfängerebene und Diagnosesektor unterschiedliche Indikatoren sinnvoll sind.

Um sich ein besseres Bild von der Ausgestaltung eines P4P-Projekts machen zu können, werden im nächsten Punkt beispielhaft einige bereits durchgeführte Programme dargestellt.

2.1.6 Beispielprogramme im Bereich P4P

Der Aufbau von P4P-Programmen ist sehr heterogen. Jedes Programm ist einzigartig und unterscheidet sich hinsichtlich der angebotenen Anreize, der Indikatoren, dem Anreizempfänger, der Kosten sowie weiteren Komponenten.[80] Die folgende Tabelle 2 gibt beispielhaft einen Auszug an bedeutsamen international durchgeführten Projekten und geht näher auf deren Ausgestaltung bezüglich Anreiz und Messgrößen ein.

[80] Vgl. Alshamsan, R. u.a. (2010b), S. 183.

Programm	Land	Leistungsindikatoren	Anreize
Rewarding Results-Integrating Healthcare Association 2002	U.S.	21 Indikatoren für: • Informationstechnologie • Patientenzufriedenheit • Präventivmaßnahmen • Akute Krankheiten • Chronische Krankheiten	• Die Anreize bezogen sich zu 50% auf die klinische Qualität, zu 30% auf die Patientenzufriedenheit, zu 10% auf Informationstech-nologie und zu 10% auf ein Feedbackprogramm
Premier Hospital Quality Incentive Demonstration 2003	U.S.	34 Indikatoren in 5 Bereichen: • akuter Herzinfarkt • Koronare Bypass-Operation • Herzinsuffizienz • Lungenentzündung • Hüft- und Kniegelenkersatz	• Die Top 10% der Kranken-häuser erhalten eine 2%-ige Bonuszahlung zusätzlich zur regulären Vergütung, die nächsten 10% noch 1% • Die Leistungsdaten wurden im Internet veröffentlicht
Bridges to Excellence Program 2003	U.S.	Indikatoren für: • Diabetes • Herzerkrankungen • Wirbelsäule • Patientenversorgungs-managementsysteme	• Ein finanzieller Bonus von bis zu 10% zusätzlich zum Gehalt war möglich • Die Leistungsdaten wurden im Internet veröffentlicht
General Practice Immunisation Incentives Scheme 2004	Australien	• Kontrolle, Förderung und Anbieten von angebrachten Impfungen für Kinder • Impfungen für mindestens 90% der in der Praxis eingeschriebenen Kinder durchgeführt	• Finanzielle Boni von 3,50 Dollar pro Whole Patient Equivalent (WPE) wurden gezahlt
Physician Quality Reporting Inititiative 2007	U.S.	119 Indikatoren: • Die Praxis muss mindestens drei Indikatoren in 80% der relevanten Situation erfüllen	• Die normale Erstattung wird um 1,5% erhöht

Tabelle 2: Überblick internationaler P4P-Programme[81]

[81] Quelle: Eigene Darstellung in Anlehnung an Australian Goverment (2009), S. 1-3; Emmert, M. (2008), S. 182-195; Fenter, T. C., Lewis, S. J. (2008), S. 12-13; Harbaugh Jr., N. (2009), S. 1003-1004;Loffgren, D. (2005), S. 1-14; Matthes, N. (2009), S. 135-137; Meddings, J. A., McMahon Jr., L. F. (2008), S. 206.

Mittels einer Datenbankrecherche versucht diese Arbeit im Folgenden weitere Programme und Implikationen im Zusammenhang mit P4P zu identifizieren. Zunächst wird nun der allgemeine, standardisierte Aufbau eines systematischen Reviews dargestellt.

2.2 Allgemeines Vorgehen eines systematischen Reviews

„Ein systematischer Review ist eine Übersichtsarbeit, zu einer klar formulierten Fragestellung, bei der systematisch und anhand expliziter Kriterien relevante Literatur identifiziert, selektiert und bewertet wird und einer qualitativen und eventuell auch einer quantitativen Analyse unterzogen wird.“[82]

Da es im Forschungsbereich zu vielen Fragestellungen eine unüberschaubare Vielzahl an bereits durchgeführten Studien gibt, wäre es für Entscheidungsträger zu aufwendig diese alle manuell zu analysieren. Forschungsergebnisse sind meist über die gesamte Literatur verstreut. Daher versuchen systematische Übersichtsarbeiten alle bisherigen wissenschaftlichen Erkenntnisse aus bereits veröffentlichten Primärstudien für eine bestimmte Fragestellung zu identifizieren, zu bewerten und anschließend die Bandbreite der Evidenz zusammenfassend darzustellen. Hierdurch können oft Forschungslücken aufgezeigt werden.[83] Die Ergebnisse dieser Arbeiten dienen häufig als Basis für medizinische Leitlinien.[84]

Bevor ein Review durchgeführt wird, sollte eine grobe Literatursichtung erfolgen, um zu ermitteln, ob bereits Übersichtsarbeiten zu diesem Thema existieren und welche Reviewfragen diese abdecken.[85] In verschiedenen Quellen wie z. B. der Cochrane Library oder der Medline-Datenbank kann hierfür nach bereits verfassten Reviews gesucht werden.[86]

[82] Lauterbach, K., Schrappe, M. (2009), S. 474.
[83] Vgl. CRD (2009), S. 5.
[84] Vgl. Khan, K. u.a. (2004), S. 3.
[85] Vgl. Lauterbach, K., Schrappe, M. (2009), S. 474.
[86] Vgl. Khan, K. u.a. (2004), S. 3-4.

Systematische Übersichtsarbeiten lassen sich relativ schnell analysieren, da sie nach einem standardisierten Design aufgebaut sind. Gemäß der Cochrane Collaboration und der Campbell Collaboration sollten folgende fünf Elemente Teil des Reviews sein, die nun im Einzelnen kurz erläutert werden:[87]

- Wissenschaftlicher Hintergrund
- Methodik: Fragestellung, Suchbegriffe, Datenbankrecherche, Einschlusskriterien zur Literaturauswahl und die Bewertung der Studienqualität
- Datensynthese
- Ergebnisinterpretation
- Diskussion

Bevor mit der eigentlichen Literaturrecherche begonnen wird, sollte zunächst kurz der wissenschaftliche Hintergrund aufgezeigt werden. Dieser soll Auskunft über den Stand der Forschung geben. Auch eine Begründung für das Durchführen der eigenen Übersichtsarbeit wird in diesem Abschnitt gegeben.[88]

Die Darstellung der Literatursuchmethodik ist ein wichtiges Element eines systematischen Reviews, da dieser Schritt zur Steigerung der Transparenz und Nachvollziehbarkeit des Reviewprozesses beiträgt. Es wird aufgezeigt, wie die für das Thema relevanten Studien ausgewählt werden. Nach der Festlegung der genauen Fragestellung werden Suchbegriffe bestimmt, Datenbanken ausgewählt und durchsucht, als auch manuell nach interessanten Arbeiten zu diesem Thema recherchiert. Anschließend werden anhand von Ein- und Ausschlusskriterien Studien extrahiert, die nicht auf die Fragestellung zutreffen. Daraufhin sollte eine Bewertung der Studienqualität erfolgen, die meist anhand von Checklisten durchgeführt wird, die bereits von Organisationen entwickelten wurden. Eine Studie

---

[87] Vgl. Higgins, J., Green, S. (2008), S. 12; Schlosser, R. W. u.a. (2007), S. 139.
[88] Vgl. Higgins, J., Green, S. (2008), S. 56.

von *Moher* und Kollegen fand 2007 heraus, dass weniger als 50% der systematischen Reviews eine Beschreibung ihrer Methodik verwenden. Jedoch lässt das Fehlen solch eines Protokolls nicht zwangsläufig auf eine niedrige Qualität der Übersichtsarbeit schließen.[89]

Die nun verbleibenden Studien werden im nächsten Schritt analysiert und die gefundenen Ergebnisse in einer Datensynthese zusammengefasst. Dabei empfiehlt es sich Übersichtstabellen zu erstellen, in der die wichtigsten Aspekte der eingeschlossenen Studien zusammengefasst dargestellt werden.[90]

Die aus der Datensynthese gewonnenen Erkenntnisse werden im Abschnitt Ergebnisse zusammengefasst. Anschließend erfolgt eine Diskussion der Resultate und mögliche Forschungslücken werden aufgezeigt.[91]

Um die Aussagefähigkeit von Übersichtsarbeiten zu erhöhen, sollten gewisse Schritte des Reviewprozesses, wie bspw. die Selektion der Datenbanktreffer oder auch die Qualitätsbewertung unabhängig von zwei Personen durchgeführt werden, um subjektive Einflüsse zu mindern und dadurch die Aussagefähigkeit der Ergebnisse zu steigern.[92]

---

[89] Vgl. Moher, D. u.a. (2007), S. 453.
[90] Vgl. Khan, K. u.a. (2004), S. 10-70.
[91] Vgl. Khan, K. u.a. (2004), S. 10-70.
[92] Vgl. CRD (2009), S. 3-4.

3. Systematischer Literaturreview

Im Folgenden wird ein systematischer Review durchgeführt, der sich mit dem Thema der qualitätsorientierten Vergütung beschäftigt. Das standardisierte Vorgehen wurde bereits in Kapitel 2.2 erläutert. Nach der Darstellung des wissenschaftlichen Hintergrunds wird zunächst auf die Methodik der Recherche eingegangen, bevor anschließend die Studien bezüglich bestimmter Kriterien analysiert und kategorisiert werden (siehe Kapitel 3.1-3.3). Es folgt eine Synthese der Daten (siehe 3.4), die im Rahmen dieser Arbeit der Entwicklung eines Leitfadens für die zukünftige Implementierung von P4P-Programmen in Deutschland dient (siehe Kapitel 4).

3.1 Wissenschaftlicher Hintergrund

In den vergangenen Jahren befasste sich schon eine Vielzahl an Autoren mit dem Thema der erfolgsorientierten Vergütung. Zahlreiche Primärstudien in verschiedenen Ländern, ausgerichtet auf verschiedene Empfänger und in Bezug auf unterschiedliche Diagnosen, wurden zu diesem Thema verfasst. Aufgrund der großen Anzahl an Studien ist es sehr aufwendig, sich einen Überblick über dieses weitreichende Themengebiet zu verschaffen. Zwar versuchten bereits einige Wissenschaftler mit Hilfe von Übersichtsarbeiten möglichst viele dieser Studien abzudecken, jedoch war deren Recherche meist nur auf wenige Datenbanken beschränkt oder es erfolgte eine Spezialisierung auf ein Teilgebiet von P4P.

Ziel dieser Arbeit ist es, eine Art Tertiäranalyse durchzuführen, also eine Analyse und Zusammenfassung der bereits zu diesem Thema existierenden Übersichtsarbeiten. Dadurch können die Ergebnisse einer Vielzahl an Studien in Bezug auf die Implementierung von P4P-Programmen berücksichtigt und es ist möglich einen guten Überblick zur aktuellen Forschungslage zu geben.

3.2 Methodik zur Identifikation der relevanten Übersichtsarbeiten

Um die für den Review relevanten Übersichtsarbeiten zu identifizieren, bietet sich ein standardisierter Prozess an. Nach der Definition der genauen Fragestellung wird die Datenbankrecherche näher erläutert, bevor themenfremde Studien ausgeschlossen werden und eine Qualitätsbewertung der verbleibenden Publikationen erfolgt (siehe Kapitel 3.2.1-3.26).

3.2.1 Definition der Fragestellung und Einschlusskriterien

Zur Spezifikation einer Fragestellung im medizinischen Bereich eignet sich das sog. PICO-Schema, bei dem die Reviewfrage in die Komponenten Population, Intervention, Comparisons und Outcomes zerlegt wird.[93]

In Bezug auf die *Population* wird festgelegt, auf welchen Patienten- und Teilnehmerkreis sich die Literatursuche beschränkt. Da diese Arbeit einen Überblick über sämtliche bisherige Erfahrungen im Bereich P4P geben soll, werden alle Patienten unabhängig von Geschlecht, Alter, Schweregrad der Erkrankung und Diagnose berücksichtigt. Auch wird die Suche nicht auf eine bestimmte Versorgungsebene beschränkt. Es werden Studien sowohl aus dem ambulanten, dem stationären, dem pflegerischen, dem patientenbezogenen und dem Arzneimittelbereich berücksichtigt.[94]

Die Aspekte *Intervention* und *Comparisons* dienen dazu Therapieformen und Behandlungsalternativen auszuwählen, die in den eingeschlossen Studien fokussiert behandelt werden sollen. In dieser Arbeit gibt es auch hier keine Beschränkung. Es werden P4P-Programme bezüglich aller Behandlungsformen untersucht, sowohl im akuten, chronischen, präventiven sowie rehabilitativen Sektor.[95]

Letztendlich gilt es noch den *Outcome* bzw. die Zielgröße zu bestimmen. Es wird untersucht, was durch die Behandlung letztendlich erreicht werden soll und wie dieser Effekt gemessen werden kann. Beispiele hierfür sind eine Senkung der Mortalität oder eine Steigerung der Lebensqualität. Bei P4P-Programmen liegt es nahe, zu untersuchen, ob diese einerseits effektiv sind, also inwieweit eine Steige-

[93] Vgl. Guba, B. (2007), S. 63.
[94] Vgl. Guba, B. (2007), S. 63.
[95] Vgl. Guba, B. (2007), S. 63.

rung der Behandlungsqualität zu erkennen ist und zum Anderen ob diese Programme auch kosteneffektiv sind.[96] Zudem sollten unerwünschte Nebenwirkungen berücksichtigt werden.

Somit ergibt sich für diesen Review **folgende Fragestellung**: Welche Rückschlüsse für die Implementierung von P4P-Programmen in Deutschland können aufgrund bisheriger internationaler Erfahrungen gezogen werden?

Bevor mit der Datenbankrecherche begonnen werden kann, müssen zunächst themenspezifische Suchbegriffe festgelegt werden, um die Anzahl der Treffer möglichst überschaubar zu halten, aber dennoch alle relevanten Publikationen zu identifizieren.

3.2.2 Bestimmung der Suchbegriffe für die Datenbankrecherche

Es empfiehlt sich ein systematisches Vorgehen zum Auffinden der relevanten Literatur. Durch Lesen von Fachliteratur und Einarbeitung in das Thema werden Begriffe und Synonyme festgelegt, die im weitesten Sinne den Einsatz von P4P-Programmen beschreiben und von Studienautoren möglicherweise verwendet werden. In Tabelle 3 sind die für die anschließende Datenbankrecherche ausgewählten 25 Begriffe dargestellt.

Suchbegriffe der Datenbankrecherche		
„Pay for Performance“	„payment* for quality“	reward* AND quality
„P4P“	„PFP“	„performance-based pay“
„monetary incentive*“ AND quality	„financial incentive*“ AND effectiveness	„output-based payment“
„financial incentive*“ AND quality	„monetary incentive“ AND effectiveness	„performance-based reimbursement“
„pay for quality“	bonus AND quality	„incentive program“
„performance-based contracting“	„quality-based purchasing“	„performance-related payment*“
„value based purchasing“	„performance-based payment“	„quality incentive“
„incentive reimbursement“	„pay for value“	„quality-payment*“
„quality-based payment*“		

Tabelle 3: Suchbegriffe der Datenbankrecherche[97]

[96] Vgl. Khan, K. u.a. (2004), S. 16-19.

Da in Datenbanken mehrere Einstellungen und Limitationen möglich sind, gilt es anschließend ein für den Review geeignetes Suchprofil festzulegen.

3.2.3 Aufstellung des Datenbank-Suchprofils

Gesundheitssysteme sind aufgrund von Reformen von sehr viel Dynamik geprägt. Um die Aktualität und Relevanz der zu betrachtenden Reviews zu gewährleisten, werden bei der Datenbankrecherche nur Übersichtsarbeiten betrachtet, die nicht älter als zehn Jahre sind. Um die weltweite Nutzung zu ermöglichen, werden Reviews gewöhnlich in Englisch verfasst. Daher wird bei der Suche die Sprache auf Englisch und zusätzlich auf Deutsch beschränkt. Zur Reduktion der Trefferzahl werden nur die Suchfelder Abstract, Title und Key Words bei der Recherche berücksichtigt. Eine Volltextsuche würde zu viele themenfremde Studien liefern. Da in dieser Arbeit ein systematischer Gesamtüberblick über den derzeitigen Forschungsstand im Bereich P4P gegeben werden soll und die Analyse aller bisherigen Publikationen zu diesem Thema den Rahmen dieser Arbeit bei Weitem überschreiten würde, beschränkt sich die Betrachtung auf die Dokumententypen Review und Metaanalyse. Bevor nun, nach der Festlegung des Suchprofils, mit der eigentlichen Recherche begonnen werden kann, müssen zunächst geeignete Datenbanken ausgewählt werden.

3.2.4 Auswahl der Datenbanken und Recherche

Da es derzeit keine einzelne Datenbank gibt, die alle für dieses Thema relevanten Fachzeitschriften abdeckt, sollten mehrere Datenbanken für die Recherche herangezogen werden. Auch gilt es sich nicht nur auf medizinische Datenbanken zu beschränken, da P4P in engem Zusammenhang mit der Betriebswirtschaft steht. Folgende fünf in Tabelle 4 aufgelistete Datenbanken werden für die Recherche genutzt.

[97] Quelle: Eigene Darstellung.

Datenbank	Beschreibung
The Cochrane Library	Beinhaltet sechs Datenbanken zu klinischen Studien und Übersichtsarbeiten
Medline	Größte medizinische Datenbank mit 5.000 Zeitschriften
Embase	Datenbank mit 4800 Zeitschriften mit besonderer Berücksichtigung des europäischen Raums
ISI-Web of Knowledge	Berücksichtigt neben medizinischen auch betriebswirtschaftliche Artikel und umfasst 8700 Fachzeitschriften
Scopus	Mit Einträgen aus 14000 Fachzeitschriften sowohl im medizinischen als auch betriebswirtschaftlichen Kontext weltgrößte Datenbank

Tabelle 4: Verwendete Datenbanken mit Beschreibung[98]

Die Durchführung der Recherche ergibt 97 Treffer bei Cochrane Library, 282 bei Medline, 218 bei Embase, 319 bei ISI-Web of Knowledge und 990 bei Scopus, was zu 1906 Gesamtstudien führt. Im Anhang findet sich eine detaillierte Auflistung des Suchprofils der einzelnen Datenbanken. Beispielhaft wird dieses in Tabelle 5 für die PubMed-Datenbank dargestellt.

[98] Quelle: Eigene Darstellung in Anlehnung an Guba, B. (2007), S. 63; Jewell, D. (2010), S. 55-58; Miller, F. u.a. (2010), S. 1; Ortelbach, B. (2007), S. 78.

Datenbank	PubMed
Suchdatum	22.09.2010
Zeitraum	2000-2010
Suchbegriffe	"Pay for Performance"[Title/Abstract] OR P4P[Title/Abstract] OR PFP[Title/Abstract] OR "pay for value"[Title/Abstract] OR "pay for quality"[Title/Abstract] OR "payment for quality"[Title/Abstract] OR (payments[Title/Abstract] AND "quality"[Title/Abstract]) OR "value based purchasing"[Title/Abstract] OR ("financial incentive"[Title/Abstract] AND "quality"[Title/Abstract]) OR ("financial incentives"[Title/Abstract] AND "quality"[Title/Abstract]) OR ("monetary incentive"[Title/Abstract] AND "quality"[Title/Abstract]) OR ("monetary incentives"[Title/Abstract] AND "quality"[Title/Abstract]) OR ("financial incentive"[Title/Abstract] AND effectiveness[Title/Abstract]) OR ("financial incentives"[Title/Abstract] AND effectiveness[Title/Abstract]) OR ("monetary incentive"[Title/Abstract] AND effectiveness[Title/Abstract]) OR ("monetary incentives"[Title/Abstract] AND effectiveness[Title/Abstract]) OR (bonus[Title/Abstract] AND "quality"[Title/Abstract]) OR ("reward"[Title/Abstract] AND "quality"[Title/Abstract]) OR ("rewards"[Title/Abstract] AND "quality"[Title/Abstract]) OR "performance-based payment"[Title/Abstract] OR "performance-based reimbursement"[Title/Abstract] OR "performance-based contracting"[Title/Abstract] OR "performance-based pay"[Title/Abstract] OR "output-based payment"[Title/Abstract] OR "incentive reimbursement"[Title/Abstract] OR "incentive program"[Title/Abstract] OR "quality-based purchasing"[Title/Abstract] OR "quality incentive"[Title/Abstract] OR "quality incentives"[Title/Abstract] OR "quality-payment"[Title/Abstract] OR "quality-payments"[Title/Abstract] OR "quality-based payment"[Title/Abstract] OR (quality-based[Title/Abstract] AND payments[Title/Abstract]) OR (performance-related[Title/Abstract] AND payment[Title/Abstract]) AND ((Meta-Analysis[ptyp] OR Review[ptyp]) AND (English[lang] OR German[lang]) AND "2000/09/28"[PDAT] : "2010/09/25"[PDAT])
Sprache	Englisch, Deutsch
Dokumententyp	Review
Treffer	282

Tabelle 5: Suchprofil der Datenbank PubMed[99]

Die Aussagefähigkeit und Qualität eines systematischen Reviews hängt entscheidend mit der vollständigen Erfassung aller potentiellen Studien, die sich mit der Reviewfrage beschäftigen, zusammen. Dies bezeichnet man auch als Publikati-

[99] Quelle: Eigene Darstellung.

onsbias. Da neu erschienene Artikel meist erst nach einer bestimmten Zeit in Datenbanken aufgenommen werden und auch Studien aus nicht durchsuchten Datenbanken relevant sein können, ist es sinnvoll zusätzlich weitere Datenquellen zu durchsuchen.[100] Hierfür wird eine manuelle Suche im Internet, in Fachzeitschriften, in Dissertationen und in Diskussionspapieren durchgeführt.[101] Dabei werden weitere 23 Übersichtsarbeiten identifiziert.

3.2.5 Extraktion der relevanten Studien

Nach Durchführung der Datenbankrecherche gilt es die für die Reviewfrage relevanten Studien aus der Vielzahl der Treffer zu extrahieren. Hierfür werden bestimmte Kriterien definiert. Nur solche Studien, die alle Einschlusskriterien erfüllen und kein Ausschlusskriterium verletzen, sind für die weitere Datenanalyse zu berücksichtigen.[102] Wie schon teilweise in Kapitel 3.2.3 angesprochen, sollte es sich bei relevanten Studien um eine Übersichtsarbeit oder Metaanalyse in Englisch oder Deutsch handeln, die nicht vor dem Jahr 2000 veröffentlicht wurde. Der Review sollte sich thematisch mit der erfolgsorientierten Vergütung im Gesundheitswesen auseinandersetzen und einen Methodikteil enthalten. Um diese Kriterien beurteilen zu können, muss es möglich sein, den Volltext der Studien zu beschaffen. Die gewählten Ein- und Ausschlusskriterien sind in der folgenden Tabelle 6 zusammengefasst dargestellt.[103]

---

[100] Vgl. Khan, K. u.a. (2004), S. 28.
[101] Vgl. Khan, K. u.a. (2004), S. 22.
[102] Vgl. Khan, K. u.a. (2004), S. 31.
[103] Vgl. Dreier, M. u.a. (2010), S. 24-25.

	Einschlusskriterien	Ausschlusskriterien
Sprache	Volltext in Deutsch oder Englisch	Sonstige Sprachen
Dokumententyp	Übersichtsarbeiten, Metaanalysen	Originalarbeiten, Kommentare, Richtlinien, Leserbriefe, Konferenzpapiere, Diskussionspapiere, Editorials, Interviews
Aufbau	Suchmethodik muss beschrieben sein	Suchmethodik nicht beschrieben
Publikationszeitraum	01.01.2000- heute	Publikation ist vor 2000 erschienen
Verfügbarkeit	Volltext muss beschaffbar sein	Nur Titel/Abstract ist verfügbar
Duplikate	Noch nicht vorhandene Publikation	Publikation wurde bereits in anderer Datenbank gefunden
Themengebiet (1)	Es muss sich um eine Studie aus dem Gesundheitswesen handeln	Studie behandelt nicht medizinisches Themengebiet
Themengebiet (2)	Finanzieller Anreiz orientiert sich an der Qualität der Behandlung	Finanzieller Anreiz wird nur für Teilnahme an Programm gezahlt oder Anreiz orientiert sich an der Quantität der Leistung

Tabelle 6: Ein- und Ausschlusskriterien für Studien[104]

Die Literaturauswahl gliedert sich in zwei Durchläufe. Im *ersten Durchlauf* werden zunächst die Duplikate entfernt. Von den ursprünglich 1906 Treffern werden 643 Duplikate identifiziert und gelöscht. Anschließend wird die verbleibende Literaturliste anhand von Titel und Abstract gesichtet. Studien, die eindeutig themen- und fachfremd sind können in diesem Schritt entdeckt und ausgeschlossen werden. Hierbei handelt es sich hauptsächlich um Studien aus Bereichen wie Erziehung, Tourismus oder auch Personalmanagement, die keinen Bezug zum Gesundheitswesen aufweisen. Kann die Relevanz der Studie anhand Titel und Abstract nicht hundertprozentig ausgeschlossen werden, so verbleibt die Studie sicherheitshalber in der Liste. Weitere 976 Studien fallen durch diesen Schritt heraus.

[104] Quelle: Eigene Darstellung.

Im *zweiten Durchlauf* werden die Volltexte der verbleibenden 287 Studien beschafft, wovon jedoch auf 23 Studien kein Zugriff möglich ist. Sollte man bei der Sichtung der Volltexte noch auf weitere relevante Studien treffen, so können diese mit in die Betrachtung einbezogen werden. Insgesamt werden, wie bereits in Kapitel 3.2.4 erwähnt, 23 zusätzliche Reviews durch die manuelle Recherche identifiziert. Durch Vorliegen der gesamten Studientexte lassen sich die für die Reviewfrage relevanten Artikel anhand der Ein- und Ausschlusskriterien bestimmen. 229 Publikationen werden in diesem Schritt extrahiert. Im Anhang findet sich eine Liste der ausgeschlossenen Studien mit dem jeweiligen Ausschlussgrund. Letztendlich erfüllen 58 Übersichtsarbeiten die definierten Ein- und Ausschlusskriterien und werden in die weitere Analyse einbezogen.

Die Vorgehensweise der Literaturauswahl ist in der folgenden Abbildung 8 mittels eines Flussdiagramms übersichtlich dargestellt.

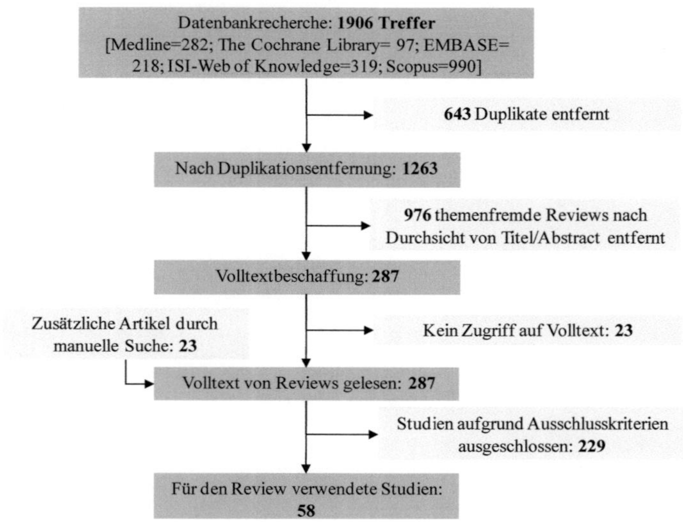

Abbildung 8: Flussdiagramm der Studienauswahl[105]

[105] Quelle: Eigene Darstellung in Anlehnung an Dreier, M. u.a. (2010), S. 43.

Um die Gesamtqualität des Reviews besser beurteilen zu können, sollte im Anschluss an die Literaturauswahl eine Bewertung der Studienqualität der eingeschlossenen Publikationen erfolgen.

3.2.6 Qualitätsbewertung der eingeschlossenen Literatur

Ziel der Qualitätsbewertung ist es, die Glaubwürdigkeit der Studienergebnisse zu beurteilen. Es wird untersucht, inwieweit „Forschungsergebnisse von den wahren Effekten systematisch abweichen und entweder über- oder unterschätzt werden.“[106] Wissenschaftlich nennt man diesen Effekt Bias. Verzerrungen bei der Lokalisierung, der Auswahl, der Bewertung und auch bei der Datensynthese der Studien können auftreten.[107] Zum Beispiel können für die Literaturrecherche zu wenige oder die falschen Datenbanken durchsucht werden, was die Repräsentativität der Studienergebnisse schmälert.[108] Um Aufschluss über diese möglichen Verzerrungen zu bekommen, werden das Design, die Durchführung und die Analysemethodik der eingeschlossenen Studien auf Qualitätsmängel untersucht.[109] Trotz der allgemeinen Relevanz solch einer Bewertung wird diese nur von etwa 50% der systematischen Reviews durchgeführt.[110]

Für die Bewertung der Studienqualität von systematischen Reviews existiert bereits eine Reihe von entwickelten Checklisten, an denen man sich orientieren kann. Zu den bekanntesten Checklisten für Metaanalysen und systematische Übersichtsarbeiten zählen das Glasgow Appraisal Tool, das ARIF Appraisal Tool[111], das Critical Appraisal Skills Programm[112] und die Checkliste des Ludwig Boltzmann-Instituts.[113] In diesem Review wird die Qualität anhand der 17 Fragen der German Scientific Working Group beurteilt, die sich in fünf Teilgebiete aufteilen. Die folgende Tabelle 7 stellt die Themenblöcke mit den einzelnen Unter-

[106] Khan, K. u.a. (2004), S. 38.
[107] Vgl. Schlosser, R. W. u.a. (2007), S. 139.
[108] Vgl. Schlosser, R. W. u.a. (2007), S. 140-142.
[109] Vgl. Khan, K. u.a. (2004), S. 37.
110 Vgl. Dreier, M. u.a. (2010), S. 14.
111 Vgl. Katrak, P. u.a. (2004), S. 7; SSRC (2010), S. 1.
112 Vgl. Oxman, A. D. u.a. (1994), S. 1367-1371.
113 Vgl. Dreier, M. u.a. (2010), S. 157-158.

fragen übersichtlich dar. Diese Checkliste wurde gewählt, da sie 2010 überarbeitet wurde und somit auf dem aktuellsten Stand ist. Sie berücksichtigt alle bereits in Kapitel 2.2 genannten relevanten Teilbereiche eines Reviews und beinhaltet zudem in den Fragen 11-13 Kriterien einer Metaanalyse.

A. Fragestellung	1. Ist die Forschungsfrage relevant für die eigene Fragestellung?
B. Informations-gewinnung	2. Wurden die genutzten Quellen dokumentiert?
	3. Wurden die Suchstrategien dokumentiert?
	4. Wurden Einschlusskriterien definiert?
	5. Wurden Ausschlusskriterien definiert?
C. Bewertung der Informationen	6. Wurden Validitätskriterien berücksichtigt?
	7. Wurde die Bewertung unabhängig von mehreren Personen durchgeführt?
	8. Sind ausgeschlossene Studien mit ihren Ausschlussgründen dokumentiert?
	9. Ist die Datenextraktion nachvollziehbar dokumentiert?
	10. Erfolgte die Datenextraktion von mehreren unabhängigen Personen?
D. Informationssynthese	11. Wurde das Metaanalyse-Verfahren angewendet?
	12. Wurden Heterogenitätstestungen durchgeführt?
	13. Sind die Ergebnisse in einer Sensitivitätsanalyse auf Robustheit überprüft worden?
	14. Ist die Informationssynthese nachvollziehbar dokumentiert?
	15. Gibt es eine Bewertung der bestehenden Evidenz?
E. Schlussfolgerungen	16. Wird die Forschungsfrage beantwortet?
	17. Wird die bestehende Evidenz in den Schlussfolgerungen konsequent umgesetzt?
	18. Werden methodisch bedingte Limitationen der Aussagekraft kritisch diskutiert?

Tabelle 7: Fragenkatalog der Qualitätsbewertung[114]

Sämtliche Checklistenpunkte werden für jede der eingeschlossenen Studien untersucht. Mit Hilfe eines Scoringsystems können die Arbeiten einen bestimmten Punktwert erreichen. Eine Studie erhält null Punkte für eine Frage, die mit nein oder unklar beantwortet wird. Trifft die Aussage hingegen zu, so wird der Arbeit ein Punkt hierfür gutgeschrieben. Die Reviews können so anschließend anhand ihrer erreichten Punktzahl in eine Reihenfolge gebracht werden. Qualitativ hochwertigere Reviews werden somit höher gerankt als Veröffentlichungen mit nied-

---

[114] Quelle: Eigene Darstellung in Anlehnung an Dreier, M. u.a. (2010), S. 154-158.

rigem Qualitätsstandard. Die Ergebnisse der Bewertung werden in Form einer Tabelle übersichtlich dargestellt. Tabelle 8 zeigt auszugsweise die durchgeführte Qualitätsanalyse für die ersten acht Übersichtsarbeiten. Die ausführliche Tabelle mit allen 58 eingeschlossenen Studien findet sich auf der im Anhang angegebenen Internetseite.

	1. Forschungsfrage relevant?	2. Quellen dokumentiert?	3. Suchstrategie dokumentiert?	4. Einschlusskriterien definiert?	5. Ausschlusskriterien definiert?	6. Validitätskriterien berücksichtigt?	7. Bewertung unabhängig?	8. Ausgeschlossene Studien dokumentiert?	9. Datenextraktion nachvollziehbar?	10. Datenextraktion unabhängig?	11. Meta-Analyse-Verfahren?	12. Heterogenitätstests?	13. Sensitivitätstests?	14. Informationssynthese nachvollziehbar?	15. Evidenz bewertet?	16. Forschungsfrage beantwortet?	17. Evidenz in Schlussfolgerung integriert?	18. Limitationen diskutiert?	Gesamtpunktwert	Ranking
Achat, H. u.a.	1	1	1	0	1	0	0	0	1	0	0	0	0	1	1	1	1	1	10	9
Alshasam, R. et al	1	1	1	1	1	1	1	0	1	1	0	0	0	1	1	1	1	1	14	5
Amin, A. N., Deitelzweig, S. B.	1	1	0	0	0	0	0	0	1	0	0	0	0	1	1	1	1	0	8	11
Anderson, P.	1	1	0	0	0	1	0	0	1	0	0	0	0	1	1	1	1	0	8	11
Armour, B. S. u.a.	1	0	0	0	0	0	0	0	1	1	0	0	0	1	1	1	1	1	8	11
Armour, B. S., Pitts, M. M.	1	1	1	0	0	1	1	0	1	0	0	0	0	1	1	1	1	1	11	8
Baker, W. E.	1	1	1	0	0	0	0	0	1	1	0	0	0	1	1	1	1	0	9	10
Bosch-Capblanch, X. u.a.	1	1	1	1	1	1	1	1	1	1	1	1	1	1	1	1	1	1	18	1

Tabelle 8: Ausschnittsweise Qualitätsbewertung der Studien [115]

[115] Quelle: Eigene Darstellung.

Die Übersichtsarbeiten von *Cahill* und *Perera* sowie von *Bosch-Capblanch* und Kollegen erreichen mit 18 Punkten den höchsten Wert unter den eingeschlossenen Studien und liegen in dem Qualitätsranking an erster Stelle. Der jeweilige Rang der verbleibenden Reviews kann der letzten Spalte der Tabelle entnommen werden. Hinzuzufügen ist, dass der geringe Wert der Übersichtsarbeit von *Armour* und Kollegen aus dem Jahr 2001 darauf zurückzuführen ist, da kein Zugriff auf die Methodik möglich war. Bei der Publikation von *Scott* und Kollegen handelt es sich lediglich um das Protokoll einer noch nicht veröffentlichten Studie. Daher kann keine Aussage zu den Fragen 8 bis 18 getroffen werden.

Das Balkendiagramm in Abbildung 9 veranschaulicht, wie die Punkteverteilung für die unterschiedlichen Qualitätsfragen ausgefallen ist. Zu berücksichtigen ist, dass es sich um 59 Reviews handelt, da die Übersichtsarbeit von *Sabatino* und Kollegen zwei separate für das Thema relevante Reviews beinhaltet, die getrennt analysiert werden.

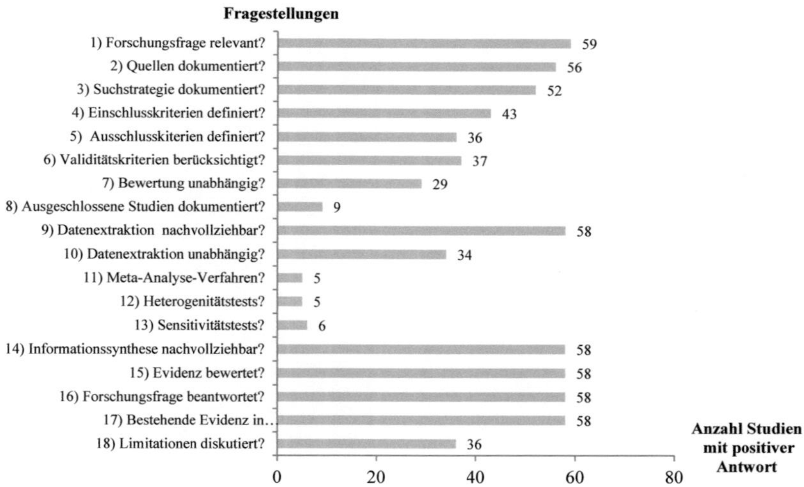

Abbildung 9: Verteilung der Studien nach Fragestellungen[116]

116 Quelle: Eigene Darstellung.

Aus der Graphik lässt sich herauslesen, dass nur fünf der 59 Reviews eine Metaanalyse durchführten, was die Fragen 11-13 betrifft. Auch ist auffällig, dass die meisten Arbeiten auf die detaillierte Auflistung ihrer ausgeschlossenen Studien verzichten. Das Vorgehen der Datenbankrecherche wurde nahezu bei allen Studien genau beschrieben. Auch die Datenextraktion war stets nachvollziehbar. Aus der Qualitätsbewertung kann man die Schlussfolgerung ziehen, dass die vorliegende Arbeit qualitativ hochwertige Studien als Basis für die weitere Analyse beinhaltet.

Nach der Recherche und Auswahl der für den Review relevanten Publikationen und der anschließenden Qualitätsbewertung erfolgt nun die inhaltliche Analyse der Übersichtsarbeiten.

3.3 Extraktion der Daten

Bei der Studienanalyse werden die eingeschlossen Arbeiten in Bezug auf die in Abbildung 10 aufgelisteten 17 Aspekte untersucht. Diese reichen von formalen Informationen, wie Autor und Titel, bis hin zu den zentralen Ergebnissen und Empfehlungen, die in der jeweiligen Übersichtsarbeit herausgearbeitet werden.

1.	Autor	10.	Diagnosebereich
2.	Titel	11.	Behandelte Länder
3.	Durchsuchte Datenbanken	12.	Leistungserbringersektor
4.	Suchzeitraum	13.	Indikatoren
5.	Anzahl der integrierten Studien	14.	Implikationen
6.	Ein- und Ausschlusskriterien	15.	Nachteile von P4P
7.	Zielsetzung des Reviews	16.	Limitationen des Reviews
8.	Definition von P4P	17.	Nicht-monetäre Anreize
9.	Empfängerebene des Anreizes		

Abbildung 10: Kriterien der Datenextraktion[117]

[117] Quelle: Eigene Darstellung.

Die Ergebnisse zu den einzelnen Analysepunkten werden für jede eingeschlossene Publikation durch eine Übersichtstabelle dargestellt. Beispielhaft ist dies für die erste Studie von Achat und Kollegen in der Tabelle 9 durchgeführt.

Allgemeines	Autor	Achat, H. u.a. (1999)
	Titel	Health care incentives in immunisation
Methodik	Durchsuchte Datenbanken	• Medline • Referenzlisten
	Suchzeitraum	• 1966-1998
	Studien	• 8
	Einschlusskriterien	• Keine Angabe
	Ausschlusskriterien	• Fokus der Studie liegt nicht auf der Analyse von Impfraten
	Zielsetzung	• Diese Übersichtsarbeit untersucht die kombinierte Verwendung von sowohl finanziellen als auch nicht-finanziellen Anreizen für Eltern, Jugendliche sowie Leistungserbringer, um die Impfrate von Kindern zu steigern
Definition P4P		• Keine Angabe
Details zu den P4P-Programmen	Empfängerebene	• Patienten • Ärzte
	Diagnose/ Sektor	• Präventiv (Impfung)
	Betroffene Länder	• Australien • GB • U.S.
	Betroffene Programme	• Australian immunisation incentive scheme • General Practice Immunisation Incentive • 1990 Contract
	Sektor	• Stationär • Ambulant
Limitationen des Reviews		• Publikationsbias
Messgrößen	Prozess-/ Struktur-/ Ergebnisindikatoren	• Die Impfrate aller in einer Praxis eingeschriebenen Kinder muss einen bestimmten Schwellenwert überschreiten • Bei Patienten wird die Teilnahme an der Impfsitzung belohnt
Ergebnisse und Implikationen	1. Erkenntnis	• In allen eingeschlossenen Studien ist eine Steigerung der Impfrate zu verzeichnen
	2. Erkenntnis	• Ärzte erhalten ausschließlich finanzielle Anreize • Bei Eltern und Jugendlichen werden neben Lotterieanreizen, bei denen ein bestimmter Betrag gewonnen werden kann, auch nicht-finanzielle Anreize wie Gutscheine für soziale Events oder Erinnerungsschreiben eingesetzt
	3. Erkenntnis	• Der Anreiz sollte auf die Bevölkerungsgruppe abgestimmt werden und mindestens die Kosten der Implementierung abdecken
Nachteile von P4P		• Lotterieanreize und Essensgutscheine sind bei sozial besser gestellter Bevölkerung weniger wirksam • Der Trendeinfluss muss berücksichtigt werden: Die Impfraten sind über die Jahre ansteigend. Daher ist es schwer, den Einfluss von Anreizen trendunabhängig zu beurteilen • Ärzte sind oft schlecht über Anreizstruktur der P4P-Programme informiert
Nicht-finanzielle Anreize		• Aufforderungsschreiben zur Impfteilnahme werden an Eltern verschickt • Kostenloser Fahrservice zur Klinik für Eltern und Kinder • Zusätzliche Essensrationen werden in Entwicklungsländern für die Teilnahme an Impfsitzungen ausgegeben • Pizzagutscheine und Gutscheine für soziale Events werden an Jugendliche verteilt, wenn diese die Einwilligung zur Impfung von den Eltern einholen

Tabelle 9: Details des Reviews von Achat und Kollegen[118]

[118] Quelle: Eigene Darstellung.

Die Übersichtstabellen aller Reviews finden sich im Anhang. Dadurch lässt sich schnell ein Überblick über den Inhalt der Arbeiten gewinnen.

3.4 Datensynthese und -analyse

Nach der Extraktion der wichtigsten Reviewinhalte erfolgt nun eine Kategorisierung der Übersichtsarbeiten anhand ausgewählter Kriterien (siehe Kapitel 3.4.1). Anschließend werden die Einzelstudien der Übersichtsarbeiten ermittelt und in Bezug auf ihr Erscheinungsjahr untersucht (siehe 3.4.2). Kurzzusammenfassungen für jede der 58 eingeschlossenen Reviews folgen (siehe 3.4.3).

3.4.1 Kategorisierung der eingeschlossenen Studien

Um möglichst schnell alle relevanten Übersichtsarbeiten zu einem bestimmten Thema in Bezug auf P4P zu identifizieren, werden die Publikationen anhand von den in Abbildung 11 dargestellten Kriterien kategorisiert. Behandelt ein Review ein bestimmtes Thema, so wird diese Arbeit dem entsprechenden Überpunkt zugeordnet. Eine Mehrfachzuordnung ist möglich.

1. Leistungserbringersektor
2. Finanzielle Anreize
3. Betrachtete Länder
4. Handlungsempfehlung
5. Exception Reporting
6. Unerwünschte Nebenwirkungen
7. Nicht-finanzielle Anreize
8. Art der Versorgung
9. Anreizebene
10. Effizienz
11. Effektivität

Abbildung 11: Kriterien der Mindmaps[119]

Das Ergebnis dieser Kategorisierung wird mittels drei Mindmaps in Abbildung 12, 13 und 14 übersichtlich dargestellt.

[119] Quelle: Eigene Darstellung.

Die Reviews sind aus Übersichtsgründen durch Zahlen dargestellt. Die entsprechende Zuordnung der Zahlen zu den Reviews erfolgt mittels folgender Tabelle. Möchte man z. B. alle Reviews finden, die sich mit dem Präventivbereich beschäftigen, so geht man zu dem Unterarm namens Art der Versorgung und erhält dort an dem Zweig namens Präventiv mit Hilfe der Nummern die entsprechenden Übersichtsarbeiten, die sich mit diesem Thema auseinandersetzen.

1	2	3	4	5	6	7
Achat, H. u.a.(1999)	Alshamsan, R. u.a (2010b)	Amin, A. N., Deitelzweig, S. B. (2009)	Anderson, P. (2009)	Armour, B. S. u.a. (2001)	Armour, B. S., Pitts, M. M. (2003)	Baker, W. E. (2009)
8	**9**	**10**	**11**	**12**	**13**	**14**
Bosch-Capblanch, X. u.a (2007)	Briesacher, B. A. u.a (2009)	Cahill, K., Perera, R. (2008)	Carlson, J. J. u.a. (2010)	Chaix-Couturier, C. u.a. (2000)	Chien, A. T. u.a (2007b)	Christianson, J. B. u.a. (2007a)
15	**16**	**17**	**18**	**19**	**20**	**21**
Christianson, J. B. u.a. (2008)	Compas, C. u.a. (2008)	Custers, T. u.a. (2008)	de Brantes, F. u.a (2008)	De Vos, M. u.a. (2009)	Dudley, R. A. u.a. (2004)	Eldridge, C., Palmer, N. (2009)
22	**23**	**24**	**25**	**26**	**27**	**28**
Frolich, A. u.a. (2007)	Fung, C. H. u.a. (2008)	Fung, V. u.a.(2010)	Gelfand, E. W. u.a. (2006)	Giuffrida, A., Torgerson, D. J. (1997)	Giuffrida, A. u.a. (2000)	Glickman, S. W. u.a. (2008)
29	**30**	**31**	**32**	**33**	**34**	**35**
Gonzalez, C. M. u.a. (2007)	Greene, S. E., Nash, D. B. (2009)	Hrisos, S. u.a. (2009)	Hussey, P. S. u.a. (2009)	Kalk, A. u.a. (2010)	Kane, R. u.a. (2004)	Khanduja, K. u.a. (2009)
36	**37**	**38**	**39**	**40**	**41**	**42**
Khunti, K. u.a. (2007)	Lagarde, M. u.a. (2009)	Leonardi, M. J. u.a. (2007)	Lussier, J. P. u.a. (2006)	Mason, A. (2008)	McNamara, P. (2005)	Mehrotra, A. u.a. (2009)
43	**44**	**45**	**46**	**47**	**48**	**49**
Michalczuk, R., Mitchell, A. (2009)	Oxman, A. D., Fretheim, A. (2009)	Paul-Ebhohimhen, V., Avenell, A. (2008)	Petersen, L. A. u.a. (2006)	Pierce, R. G. u.a. (2007)	Rosenthal, M. B. u.a. (2004)	Rosenthal, M. B., Frank, R. G. (2006)
50	**51**	**52**	**53**	**54**	**55**	**56**
Sabatino, S. A. u.a. (2008)	Schatz, M. (2008)	Scott, A. u.a. (2010)	Shi, Y. (2008)	Sorbero, M. E. u.a. (2006) [1]	Sorbero, M. E. u.a. (2006) [2]	Steel, N., Willems, S. (2010)
57	**58**	**59**				
Stone, E. G. u.a. (2002)	Town, R. u.a. (2005)	Van Herck, P. u.a. (2010)				

Tabelle 10: Nummerierung der Studien für die Mindmaps

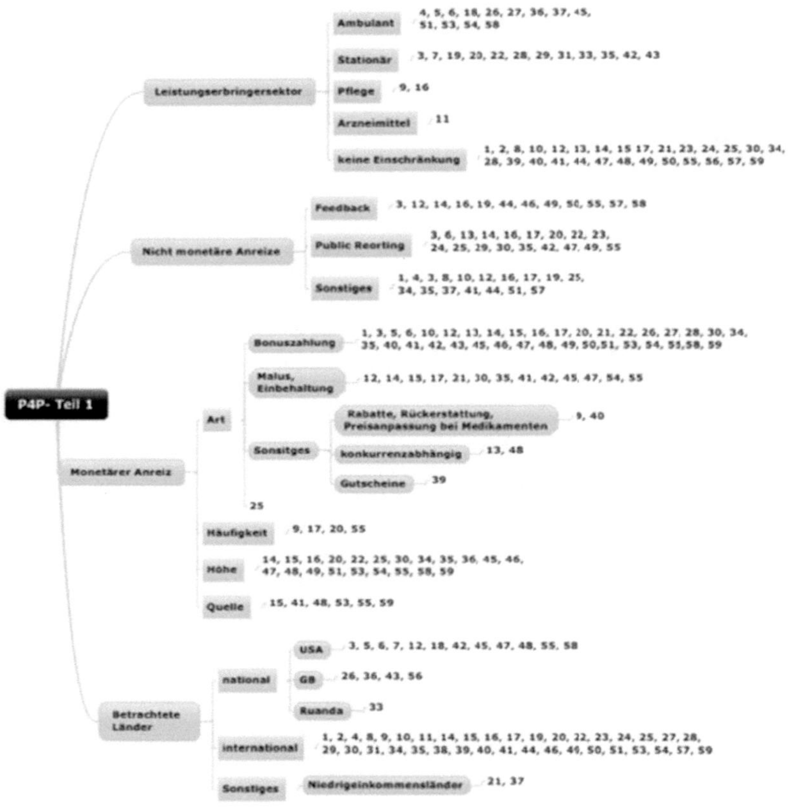

Abbildung 12: Kategorisierung der eingeschlossenen Reviews-Teil 1[120]

---

[120] Quelle: Eigene Darstellung.

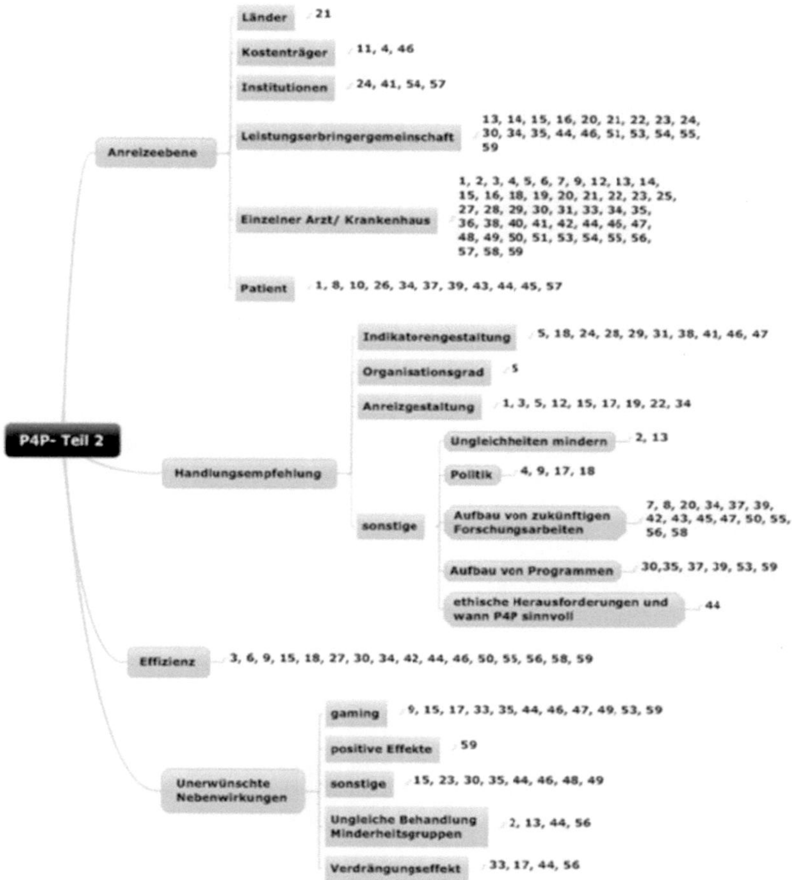

Abbildung 13: Kategorisierung der eingeschlossenen Reviews-Teil 2[121]

[121] Quelle: Eigene Darstellung.

Abbildung 14: Kategorisierung der eingeschlossenen Reviews-Teil 3[122]

[122] Quelle: Eigene Darstellung.

3.4.2 Verteilung der Studien nach Jahreszahl

Die 59 eingeschlossenen Übersichtsarbeiten beruhen auf insgesamt 1107 verschiedenen Primärstudien. Die Referenzen der einzelnen Primärstudien finden sich in einer Excel-Liste auf der beigelegten CD-Rom. Somit steht dieser Arbeit eine große Datenbasis zur Verfügung und es wird ein weitreichender Überblick bezüglich der aktuellen Forschungslage im Bereich P4P gegeben. Die Abbildung 14 stellt die Verteilung der Primär- und Sekundärstudien nach ihrem Veröffentlichungsdatum übersichtlich dar.

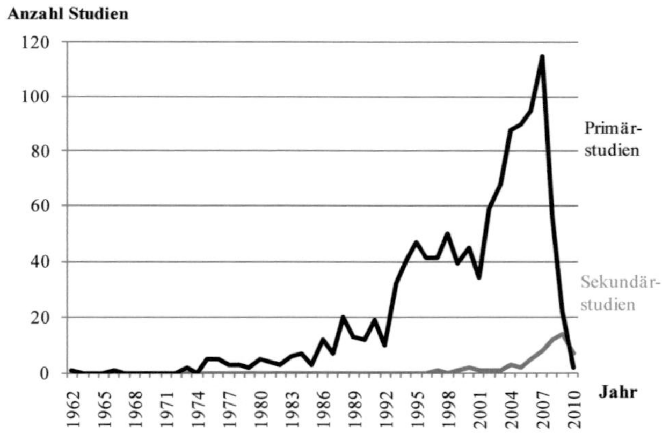

Abbildung 15: Verteilung der Studien nach Jahreszahl[123]

Bei der Betrachtung der Primärstudienkurve ist zu erkennen, dass die Anzahl der Veröffentlichungen eine steigende Tendenz aufweist und den Höchstwert im Jahr 2008 erreicht. Ein anschließender Abfall der Kurve ist dadurch zu erklären, dass in der Arbeit nur Übersichtsarbeiten bis zum Veröffentlichungsjahr 2010 betrachtet werden und somit neuere Primärstudien erst in den zukünftigen Reviews Betrachtung finden werden. Der Verlauf der Sekundärstudienkurve ist ähnlich. Auch diese weist einen steigenden Verlauf auf und die höchsten Werte werden im Jahr 2008 und 2009 erreicht. Diese beiden Kurven legen die Vermutung nahe, dass

---

[123] Quelle: Eigene Darstellung.

auch in Zukunft die Anzahl der Veröffentlichungen im Bereich P4P zunehmen wird.

3.4.3 Kurzbeschreibung der eingeschlossenen Reviews

Es erfolgt nun mittels Kurzzusammenfassungen eine inhaltliche Beschreibung der eingeschlossenen Übersichtsarbeiten. Neben der Zielsetzung und dem Aufbau werden zentrale Implikationen der Publikationen in Bezug auf P4P aufgezeigt. Die in den einzelnen Reviews berücksichtigte Anzahl der Einzelstudien wird in geschweiften Klammern angegeben.

Achat, H. u.a. (1999) {8}: Diese Übersichtsarbeit untersucht die kombinierte Verwendung von sowohl finanziellen als auch nicht-finanziellen Anreizen für Eltern, Jugendliche, als auch für Leistungserbringer, um die Impfrate von Kindern zu steigern. Es zeigt sich, dass es in allen eingeschlossenen Studien, unabhängig von der Anreizart, zu einer Steigerung der Impfrate kommt. Um die Leistungsanbieter zu einer Verhaltensänderung zu bewegen, werden hauptsächlich finanzielle Anreize eingesetzt, wie z. B. eine Bonuszahlung von 0,80 Dollar pro verabreichter Spritze bei Erreichen einer bestimmten Impfrate aller in einer Praxis eingeschriebenen Kinder. Bei Eltern und Jugendlichen finden neben Lotterieanreizen, bei denen ein bestimmter Betrag gewonnen werden kann, auch nicht-finanzielle Anreize wie Gutscheine für soziale Events oder Erinnerungsschreiben Verwendung. Laut den Autoren sollte bei der Implementierung neuer P4P-Programme darauf geachtet werden, den Anreiz auf die jeweilige Bevölkerungs- und Empfängergruppe abzustimmen. In Entwicklungsländern führt z. B. die Ausgabe einer zusätzlichen Essensration für die Teilnahme an einer Impfsitzung zu einem signifikanten Anstieg der Impfrate, während dieser Anreiz in Industrienationen weniger angebracht ist. Bezüglich der Anreizhöhe lässt sich sagen, dass mindestens die Kosten der Implementierung gedeckt sein sollten, um Leistungserbringer zu einer Teilnahme an dem Projekt zu bewegen und eine gewünschte Verhaltensänderung zu erreichen. Die Ergebnisse dieses Reviews werden auf ein bereits implementiertes australisches P4P-Programm übertragen.[124]

Alshamsan, R. u.a. (2010b) {22}: In den meisten Gesundheitssystemen bestehen für bestimmte Patientengruppen Behandlungsunterschiede in Hinblick auf Alter, Geschlecht, als auch ethischen und sozioökonomischen Status. *Alshamsan* und Kollegen untersuchen, inwieweit die Einführung der qualitätsorientierten Vergütung für Leistungserbringer die Ungleichbehandlung dieser Gruppen mindert. Die Analyse der 22 hauptsächlich in Großbritannien durchgeführten Studien ergibt, dass durch den Einsatz finanzieller Anreize die Unterschiede zwischen sozioökonomischen Gruppen in Bezug auf die Behandlung chronischer Krankheiten jährlich gesunken sind. Zum Beispiel bestanden vor Etablierung des Projekts Unterschiede in der Zielerreichung von bis zu 6,1% zwischen reichen und einkommensschwachen Gebieten. Durch Einführung des P4P-Programms QOF, dessen Aufbau bereits unter Kapitel 2.1.3 beschrieben wurde, waren im dritten Jahr nahezu keine Ungleichbehandlungen mehr zu erkennen. Jedoch ist es schwer eine isolierte Betrachtung vorzunehmen, da der Trend auch einen erheblichen Einfluss auf das Ergebnis nimmt. In Bezug auf Alter, Geschlecht und ethischem Status sind keine Verbesserungen zu verzeichnen. Auch nach Einführung des QOF erhalten Frauen, Ältere und ethische Minderheitsgruppen meist eine qualitativ geringwertigere Behandlung. Die Autoren fordern, dass bei der Neuentwicklung von P4P-Programmen Elemente integriert werden sollten, die die Ungleichbehandlung mindern. Es kann z. B. eine kontinuierliche Überwachung der Versorgungsqualität für verschiedene Patientengruppen erfolgen, um bei signifikanten Behandlungsunterschieden schnell reagieren zu können.[125]

Amin, A. N., Deitelzweig, S. B. (2009) {42}: Ziel dieser Übersichtsarbeit ist es, aktuelle Qualitätsverbesserungsinitiativen und -strategien zu identifizieren, die zu einer Steigerung der Thromboseprävention im stationären Bereich beitragen können. Zwar ist die Prävention mit erhöhten Kosten für Arzneimittel und kurzfristigen Behandlungskosten verbunden, jedoch können zukünftige Klinikkosten ein-

---

[124] Vgl. Achat, H. u.a. (1999), S. 285-287.
[125] Vgl. Alshamsan, R. u.a. (2010b), S. 178-184.

gespart werden. Eine Studie fand z. B. heraus, dass im Bereich der Thrombose Präventivkosten von durchschnittlich 1585 Dollar Klinikkosten von 2245 Dollar gegenüber stehen. Nach der Darstellung einer Reihe von PR-Programmen werden neun mögliche Indikatoren zur Messung der Präventionsleistung aufgezeigt. Dabei handelt es sich hauptsächlich um Prozessindikatoren. Zum Beispiel kann es zu einer Begrenzung der Erstattung kommen, wenn die Prävention nicht nach wissenschaftlichen Leitlinien durchgeführt wird. Weitere Strategien zur Qualitätsverbesserung, wie bspw. Erinnerungssysteme, Schulungen oder Feedbackgespräche werden genannt. Um effektive Resultate zu erhalten, müssen alle Krankenhausabteilungen durch die Kombination von verschiedenen Instrumenten Prävention leisten.[126]

Anderson, P. (2009) {5}: Dieser Review versucht zu analysieren, wie mit Hilfe von Anreizen das Management von Patienten mit alkohol- und zigarettenbedingten Störungen verbessert werden kann. Neben nicht-finanziellen Anreizen wie Schulungen und Trainings wird auch der Einsatz von finanziellen Anreizen für die Leistungserbringer in die Analyse einbezogen. So erfolgt z. B. eine Bonuszahlung für Ärzte, wenn bei dem Patienten eine leitliniengerechte Behandlung durchgeführt wird. *Anderson* kommt zu dem Ergebnis, dass die Kombination mehrerer Instrumente das höchste Potenial für eine langfristige Qualitätssteigerung in diesem Bereich aufweist. Auch in dem bekannten britischen P4P-Programm namens QOF ist ein Bonus für die Erfassung des Raucherstatus enthalten. Auch ein Einsatz seitens der Politik ist nötig, um eine langfristige Verbesserung herbeizuführen. Derzeit fehlt es jedoch noch an wissenschaftlichen Studien, die den Einsatz solcher Initiativen rechtfertigen.[127]

Armour, B. S. u.a. (2001) {7}: Die Auswirkungen von expliziten finanziellen Anreizen auf das Behandlungsverhalten von Leistungserbringern werden in dieser Arbeit untersucht. Zunächst wird der Zusammenhang zwischen Anreizen und

[126] Vgl. Amin, A. N., Deitelzweig, S. B. (2009), S. 558-564.
[127] Vgl. Anderson, P. (2009), S. 567-574.

Ressourcenverbrauch erörtert, bevor anschließend Studien der qualitätsorientierten Vergütung betrachtet werden. Die Indikatoren beziehen sich dabei, neben dem Bereich des Screenings und der Impfraten, auch auf die Gynäkologie. Es stellt sich heraus, dass sich Bonuszahlungen, die auf den Ressourcenverbrauch ausgerichtet sind, meist negativ auf die Qualität der Behandlung auswirken, da die Ärzte unter Kostendruck stehen und daher bestimmte Tätigkeiten nicht auf qualitativ höchstem Niveau durchführen. Wird die Qualität als Outcomegröße verwendet, so ergeben sich sowohl im Bereich des Krebsscreenings als auch in der Gynäkologie gemischte Ergebnisse. Geringe Anreizhöhen, unzureichende Aufklärung der Leistungserbringer hinsichtlich der Programmstruktur und die oft kurze Dauer der Programme werden als mögliche Gründe hierfür genannt. Durchweg positive Steigerungsraten der Qualität waren nur im Bereich der Impfungen zu finden, obwohl teilweise sehr geringe Boni gezahlt wurden, wie z. B. 0,80 Dollar pro verabreichte Spritze. Aufgrund des Mangels an Studien ist jedoch keine eindeutige Aussage möglich. Abschließend weisen die Autoren noch auf vier wesentliche Aspekte hin, die bei der Etablierung eines neuen P4P-Programms berücksichtigt werden sollten. Zum Beispiel sollten die monetären Anreize nicht gleichzeitig auf Ressourcenverbrauch und Qualität ausgerichtet sein, da hierdurch ein Zielkonflikt entstehen kann.[128]

Armour, B. S., Pitts, M. M. (2003) {12}: Die Auswirkung von finanziellen Anreizen auf den Ressourcenverbrauch, die Kosten und die Qualität im Managed Care-Bereich wird in dieser Übersichtsarbeit näher analysiert. Bezüglich der Anreizgestaltung wird herausgearbeitet, dass Anreize, die direkt auf individueller Ebene ausgerichtet sind, sich als effektiver herausstellen als Gruppenanreize. Dabei ist neben dem Einsatz von Bonuszahlungen auch eine Einbehaltung eines Teils der normalen Vergütung möglich, der nur bei Erreichung eines vorher festgelegten Ziels ausgezahlt wird. Eine Verbesserung der Behandlungsqualität kann in Bezug auf die Impfrate berichtet werden, in Bezug auf das Krebsscreening stellten sich solche Anreize als eher unangebracht heraus. Zudem wird die Kosteneffektivität von P4P in zwei Studien bewiesen. So ergeben sich z. B. Ausgabeneinsparungen

[128] Vgl. Armour, B. S. u.a. (2001), S. 1261-1266.

von 5%. Es gilt zu berücksichtigen, dass finanzielle Anreize, die auf den Ressourcenverbrauch ausgerichtet werden, nicht immer einen direkten negativen Effekt auf die Qualität ausüben. Es bleiben jedoch oft medizinisch notwendige Aktionen aus, was wiederum indirekt negative Auswirkungen auf die Qualität hat.[129]

Baker, W. E. (2009) {49}: In diesem Review wird eine Analyse durchgeführt, wie die Leistung von Notärzten am Effektivsten beurteilt und verglichen werden kann. Laut dem Accreditation Council for Graduate Medical Education (ACGME) und der Joint Commission sollten Ärzte Kompetenzen in sechs Gebieten besitzen. Diese reichen von der angebrachten Patientenversorgung über medizinisches Wissen, Verbesserung, Kommunikationsfähigkeiten, fachliche Qualifikation bis hin zur systembasierten Arbeit. Zwei Möglichkeiten der Indikationsmessung werden in dieser Arbeit genauer analysiert. Zum Einen den Vergleich der ärztlichen Leistung mit Gleichrangigen und zum Anderen die Messung anhand von Benchmarks, bei denen die Leistung anhand der Einhaltung von etablierten und standardisierten Leitlinien bewertet wird. Benchmarks stellen sich als angebrachter und effektiver heraus, da diese eine bessere Planbarkeit für den Leistungserbringer ermöglichen. Die Joint Commission und das Center for Medicare und Medicaid Services (CMS) entwickelten bereits Indikatoren für den Einsatz von P4P im Notfallbereich. Die Verabreichung von Aspirin bei einem Herzinfarkt ist ein Beispiel hierfür. Laut den Autoren ist im Notfallbereich noch weitere Forschungsarbeit nötig, bevor ein Einsatz von P4P als sinnvoll erscheint.[130]

Bosch-Capblanch, X. u.a. (2007) {32}: Diese Publikation befasst sich mit finanziellen Anreizen, die auf die Patientenebene ausgerichtet sind. Dabei werden Belohnungen für die Einhaltung von Behandlungsanweisungen sowie die Durchführung von präventiven und gesundheitsfördernden Maßnahmen gezahlt. Um Patienten zu einer Verhaltensänderung zu bewegen, unterscheidet man zwei Arten der Anreizgestaltung. Je nach Programm müssen die Teilnehmer entweder einen be-

[129] Vgl. Armour, B. S., Pitts, M. M. (2003), S. 139-147.
[130] Vgl. Baker, W. E. (2009), S. 615-626.

stimmten Betrag einzahlen, den sie bei Erfolg zurückerstattet bekommen oder erhalten alternativ Geschenkwertmarken für die erfolgreiche Teilnahme. Die Konzentration dieses Reviews liegt auf der Qualitätsverbesserung in den Suchtbereichen Alkohol, Rauchen und Drogen, dem Bluthochdruck sowie der Gewichtskontrolle. Wenige positive Ergebnisse werden berichtet, die meist nicht konsistent über die Zeit sind. Im Bereich Blutdruck zeigt sogar keine der Studien eine Verbesserung der Behandlungsqualität gegenüber der Vergleichsgruppe. Es fällt negativ auf, dass die Effekte meist nur kurzfristig gezahlt werden und es oft zu einem Rückfall auf das Qualitätsausgangsniveau nach Beendigung des Programms kommt. Derzeit fehlt es noch an Studien in diesem Themengebiet, um die weitreichende Implementierung von Patientenverträgen im Gesundheitswesen zu empfehlen.[131]

Briesacher, B. A. u.a. (2009) {18}: Aktuelle und bereits in der Vergangenheit durchgeführte Programme der erfolgsorientierten Vergütung im Pflegebereich werden analysiert, um Leistungsmessgrößen, Anreizstrukturen und die Effektivität dieser Programme zu beurteilen. Bei der Studienanalyse werden geringe Beweise dafür gefunden, dass P4P die Versorgungsqualität und die Effizienz in Altersheimen verbessert. Bei der Anreizgestaltung sollte jedoch darauf geachtet werden, dass der Anreiz mindestens so hoch ist, dass die Kosten der Implementierung und der Qualitätsverbesserung gedeckt sind. Große Schwankungen bezüglich der Anreizhöhe werden in den Studien identifiziert. Die Bonuszahlung reichte von 0,25 Dollar pauschal pro Patiententag bis zu einer 5%-igen Steigerung der Tagesrate. Derzeit fehlt es noch an geeigneten Qualitätsmessgrößen für Altersheime, welche die Lebensqualität und Zufriedenheit der Bewohner mit der medizinischen Versorgung widerspiegeln. Wie Abbildung 15 verdeutlicht, ist eine steigende Tendenz von P4P-Programmen im Pflegebereich zu erkennen.

[131] Vgl. Bosch-Capblanch, X. u.a. (2007), S. 1-71.

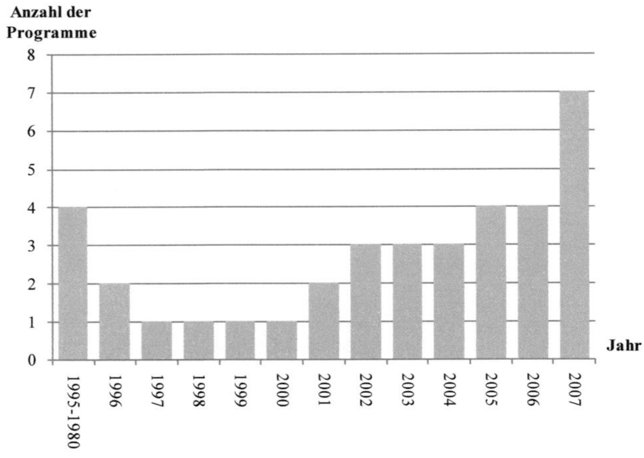

Abbildung 16: Anzahl der aktiven P4P-Programme in Altersheimen[132]

Ein zentrales Ergebnis dieses Reviews ist, dass viele P4P-Programme im Pflegebereich nur sehr kurzlebig sind. Eine Begründung hierfür konnte jedoch von den Autoren nicht gegeben werden. Durch weitere Forschungsarbeiten sollte dieses Problem näher untersucht werden.[133]

Cahill, K., Perera, R. (2008) {17}: Die von *Cahill* und *Perera* durchgeführte Übersichtsarbeit untersucht den Einsatz von finanziellen Anreizen für Patienten in Zusammenhang mit der Raucherentwöhnung. Neben dem Einstellen des Rauchens wird auch die Teilnahme an Sitzungen und die Einhaltung von ärztlichen Anweisungen belohnt. Bei der Untersuchung der Wirksamkeit von Boni in diesem Bereich war meist nur ein kurzfristiger Erfolg sichtbar. Nach Abschluss des Programms und einer daraus folgenden Einstellung der Zahlungen kam es zu einem Rückgang auf das Ausgangsniveau. Keine der eingeschlossenen Studien fand einen langfristigen signifikanten Erfolg. Die Anreize reichen von Barzahlungen

[132] Quelle: Eigene Darstellung in Anlehnung an Briesacher, B. A. u.a. (2009), S. 9.
[133] Vgl. Briesacher, B. A. u.a. (2009), S. 1-14.

bis hin zu Gutscheinen für bestimmte Güter und Dienstleistungen. Die Analyse ergab, dass Anreize für die Teilnahme an Sitzungen sich als geeigneter herausstellen als die Belohnung von Outcomegrößen. Bei der Anreizgestaltung sollte zudem darauf geachtet werden, dass die Anreizhöhe groß genug ist, um eine Verhaltensänderung beim Raucher herbeizuführen. Jedoch sollte nicht zu viel bezahlt werden, da die intrinsische Motivation, nämlich aus eigenem Willen das Rauchen einzustellen, durch den finanziellen Anreiz in den Hintergrund rücken kann, was die Gefahr eines Rückfalls erhöht.[134]

Carlson, J. J. u.a. (2010) {40}: Auch im Arzneimittelbereich findet P4P zunehmend Anwendung. Die Identifikation, Kategorisierung und Untersuchung von Programmen in diesem Bereich ist Ziel dieser Publikation. Dabei werden 14 Programme aus verschiedenen Ländern untersucht, bei denen Verträge zwischen Hersteller und Kostenträger geschlossen werden. Der Hersteller bietet z. B. eine sogenannte Outcome-Garantie. Im Vornherein vereinbarte Rabatte, eine Rückerstattung oder aber eine Preisanpassung werden fällig, wenn durch den Einsatz des Medikaments nicht die garantierten Ziele erreicht werden. Je nach Medikament und Diagnosebereich wird entweder das Erreichen bestimmter medizinischer Werte, der Quality-Adjusted Life Year-Wert (QALY), das Überleben oder auch das alleinige Ansprechen des Körpers auf ein bestimmtes Medikament als Bemessungsgrundlage für die Zahlung herangezogen. Jedoch fehlt es derzeit noch an Veröffentlichungen in diesem Bereich. Arzneimittelhersteller stellen negative Ergebnisse nur ungern der Öffentlichkeit zur Verfügung. Es fällt auf, dass der Aufbau der Programme sehr heterogen ist. Zum Beispiel schwankt die Laufzeit des Monitorings zwischen einem und zehn Jahren. Für Aussagen bezüglich der Kosteneffizienz ist es derzeit noch zu früh, da oft erst langfristig Kosteneinsparungen erzielt werden. Ein ansteigender Trend der Implementierung solcher Programme ist in den letzten Jahren zu erkennen und wird sich in Zukunft noch ausweiten. Herausforderungen wie Transaktionskosten oder auch informationstechnische Lücken erschweren die derzeitige Einführung.[135]

---

[134] Vgl. Cahill, K., Perera, R. (2008), S. 1-38.
[135] Vgl. Carlson, J. J. u.a. (2010), S. 179-190.

Chaix-Couturier, C. u.a. (2000) {8}: Derzeit werden im Gesundheitswesen eine Vielzahl an unterschiedlichen finanziellen Anreiztypen eingesetzt, um Leistungserbringer in ihrer Arbeit zu motivieren. Ziel dieser Übersichtsarbeit ist es, diese zu erklären und zu vergleichen. Dabei handelt es sich sowohl um Anreize zur Senkung des Ressourcenverbrauchs, für Veränderungen des Behandlungsprozesses als auch für eine verbesserte Behandlungsqualität. Die Auswahl eines geeigneten Anreizes ist von der Struktur und den Finanzierungsmechanismen des jeweiligen Gesundheitssystems als auch von sozioökonomischen und kulturellen Umweltbedingungen abhängig. Deshalb lassen sich die Erfahrungen eines erfolgreichen Programms auch schwer auf andere Länder übertragen. Finanzielle Anreize sollten an den Schweregrad der Erkrankung angepasst sein, um eine Gleichbehandlung der Leistungserbringer zu gewährleisten und eine Selektion von Patienten mit schwerwiegenden Erkrankungen zu verhindern. Alternative nicht-finanzielle Anreize wie PR oder Schulungen sollten zudem berücksichtigt werden, da auch diese das Verhalten der Leistungserbringer erheblich beeinflussen können, teilweise mit einem besseren Kosten-Nutzen-Verhältnis. Eine Veröffentlichung der Anreize ist z. B. sinnvoll, um durch erhöhte Transparenz das Vertrauen in den Arzt zu steigern. Zusammengefasst lässt sich sagen, dass Anreize einfach, direkt und transparent ausgestaltet sein sollten und es Sinn macht zwei Ziele der Leistungserbringer bei der Ausgestaltung zu berücksichtigen. Zum Einen sollte die Bonuszahlung zu einer verbesserten Versorgungsqualität führen und zum Anderen gilt es das Einkommen des Arztes zu erhalten bzw. zu steigern, um diesen zu einer Verhaltensänderung zu bewegen. Es gibt Ärzte, die ausschließlich versuchen ihr Einkommen zu maximieren, während Andere neben dem Lohn auch noch die Behandlungsqualität und Patientenzufriedenheit in den Mittelpunkt ihrer Arbeit stellen. Dabei ist je nach Umweltbedingung oft eine Kombination von verschiedenen Anreizarten sinnvoll.[136]

[136] Vgl. Chaix-Couturier, C. u.a. (2000), S. 133-142.

Chien, A. T. u.a. (2007) {1}: Diese Arbeit untersucht die Auswirkungen von sowohl P4P als auch PR auf die Behandlung von Minderheitsgruppen. Die Datenbankrecherche identifiziert nur eine für dieses Thema relevante Studie. Diese untersucht risikoangepasste Sterberaten der koronaren Arterienbypasstransplantation für Weiße und Hispanics African Americans vor und nach Einführung von PR. In Bezug auf bestimmte Patientengruppen kam es durch die Veröffentlichung von Leistungsdaten zu einer Ausweitung der Behandlungsunterschiede. In dem zweiten Teil der Arbeit werden zusätzlich 15 Interviews mit Initiatoren von amerikanischen P4P-Programmen durchgeführt. Deren Auswertung ergibt, dass aktuelle Programme der qualitätsorientierten Vergütung nicht derart ausgestaltet sind, dass sie zu einer Reduktion von Ungleichbehandlung führen. Die Autoren erarbeiten folgende vier Empfehlungen für die zukünftige Implementierung von Programmen, um diesem Problem entgegenzuwirken:

- Sammlung von Daten zu Bevölkerungsgruppen und ethnischer Zugehörigkeit
- Schwerpunkt auf Umstände legen, die eine hohe Bedeutung für Minderheitsgruppen haben
- Die relative Verbesserungsrate anstatt absoluter Werte als Bemessungsgrundlage für die Vergütung verwenden
- Nationale bekannte Organisationen dazu ermutigen, Messgrößen und Richtlinien in Bezug auf Ungleichbehandlung zu entwickeln

Auch wird auf das Problem des Cherry-Picking eingegangen, also der benachteiligten Behandlung bestimmter Personengruppen. Dabei handelt es sich um schwierige Patienten z. B. mit vielen Nebenerkrankungen, geringem Gesundheitsbewusstsein oder einer geringen Wahrscheinlichkeit auf Heilung, welche die Erreichung einer hohen Bonuszahlung erschweren. Dieses Phänomen kann z. B. durch eine Risikoanpassung der Indikatoren, also der Differenzierung der Qualitätspunkte auf Basis von Gesundheitsstatus, Bevölkerungsgruppe oder sozioökonomischem Status, gemindert werden.[137]

Christianson, J. B. u.a. (2007) {81}: Diese Übersichtsarbeit analysiert zunächst finanzielle Anreize, die auf eine Verbesserung der Behandlungsqualität ausgerichtet sind. Anschließend werden Anreize in Bezug auf Ressourcenverbrauch und Kosten und die sich daraus ergebenden indirekten Auswirkungen auf die Versorgungsqualität diskutiert. Es stellt sich heraus, dass sich die meisten Studien im Bereich der erfolgsorientierten Vergütung auf präventive Bereiche wie Impfungen oder Screeningmaßnahmen konzentrieren. Sowohl positive als auch negative Ergebnisse bezüglich Qualitätssteigerungen werden berichtet. Der Einfluss von finanziellen Anreizen ist schwer zu messen, da diese oft in Zusammenhang mit anderen Qualitätsverbesserungsmaßnahmen eingesetzt werden. Bezüglich der Anreizgestaltung wird empfohlen, dass der Anreiz mindestens die Kosten decken sollte, die dem Leistungserbringer für die Qualitätsverbesserung entstehen, da dieser sonst die Teilnahme an dem Projekt verweigern wird. Weiter gilt es zu berücksichtigen, dass die Leistungserbringer meist schlecht über die Existenz und Struktur der Programme informiert sind und deshalb nicht dementsprechend auf die Anreize reagieren. Auch fehlt es bei einer individuellen Vergütung auf Arztebene oft an einer ausreichenden Patientenzahl mit einer bestimmten Erkrankung, um aussagekräftige Ergebnisse ohne große Schwankungen bei den Messgrößen zu erhalten. Bei der Kosten-Nutzen-Abwägung muss darauf geachtet werden, dass seitens des Kostenträgers neben den Implementierungskosten fortlaufende Ausgaben für die Messung und Überwachung der Leistung anfallen. Bezüglich des zweiten Teils des Reviews lässt sich sagen, dass es keinen konsistenten Beweis dafür gibt, dass finanzielle Anreize, die auf den Ressourcenverbrauch ausgerichtet sind, negative Auswirkungen auf die Qualität haben. Zur Begründung dieser Erkenntnis werden vier mögliche Aspekte genannt. Zum Beispiel werden in den

[137] Vgl. Chien, A. T. u.a. (2007), S. 282-304.

meisten Studien Messgrößen verwendet, die nicht in der Lage sind, den exakten Einfluss auf die Qualität zu quantifizieren.[138]

Christianson, J. B. u.a. (2008) {14}: In diesem Review erfolgt eine Beurteilung von bisher durchgeführten P4P-Programmen im ambulanten und stationären Sektor bezüglich verschiedener Aspekte, wie bspw. Anreizgestaltung oder verwendete Messgrößen. Dabei werden primär von Health-Plans durchgeführte Programme betrachtet, da diese eine hohe Patientenpopulation aufweisen und somit Verzerrungseffekte gemindert werden können. In fast allen Programmen sind Verbesserungen von einzelnen Qualitätsmessgrößen ersichtlich. Eine isolierte Betrachtung der Auswirkung von monetären Bonuszahlungen wird jedoch durch andere auf die Behandlung Einfluss nehmende Qualitätsverbesserungsmaßnahmen und fehlende Kontrollgruppen erschwert. Eine Betrachtung der Kosteneffizienz von P4P ist ebenfalls Teil dieses Reviews. Zwei Studien zeigen positive Resultate bei der Berechnung des Return on Investment, zum Einen im Bereich Diabetes mit großen Einsparungen im Krankenhaussektor und zum Anderen im Bereich der Herzerkrankungen. QALY-Werte von 13.000-30.000 Dollar werden hierbei ermittelt. Bezüglich der Anreize hebt diese Arbeit hervor, dass trotz der teilweise geringen Anreizhöhe positive Ergebnisse berichtet werden. Dabei wird die höchste Qualitätsverbesserung jedoch bei dem höchsten Bonus erreicht. Eine Risikoanpassung der Indikatoren wird von den Autoren als sinnvoll erachtet, da so der Ausschluss von Patienten mit schwerwiegenden Erkrankungen reduziert werden kann. Die Einführung von P4P-Programmen hat noch einen positiven Nebeneffekt. Da eine Bonuszahlung nur für nachweislich gesteigerte Leistungsqualität gezahlt wird, ist eine Verbesserung der Leistungsdokumentation in den Praxen zu erkennen. Die Autoren geben anschließend folgende Empfehlungen für die Anreizgestaltung von P4P-Programmen:[139]

- Aufgrund wechselnder Umweltbedingungen ist eine ständige Anpassung der Anreizstruktur unumgänglich

[138] Vgl. Christianson, J. B. u.a. (2007), S. 1-106.
[139] Vgl. Christianson, J. B. u.a. (2008), S. 4-35.

- Als Basis für die Verteilung der Anreize stellen sich Benchmarks als sinnvoll heraus. Diese sind einfach zu verwalten und den Ärzten zu erklären. Jedoch führen sie dazu, dass die historische Leistung belohnt wird und eine Budgetunsicherheit damit verbunden ist

- Nur wenn die Ärzte ausreichend über die Anreizstruktur informiert werden, können sie ihr Verhalten entsprechend danach ausrichten

Compas, C. u.a. (2008) {25}: In der Übersichtsarbeit von *Compas* und Kollegen werden Studien hinsichtlich Qualitätsverbesserungsmaßnahmen untersucht, um die Versorgung im Bereich der Pflege zu verbessern. Dabei fokussieren sich drei der 25 Studien auf den Einsatz von finanziellen Anreizen. Diese beschränken sich auf das Dekubitus-Krankheitsbild in Altenheimen. Die Teilnahme an Dekubitus-Trainings sowie die Verbesserung der Dekubitusrate ist mit einer monetären Bonuszahlung für die Leistungserbringer verbunden. Nur eine dieser Studien berichtet von einer Steigerung der Versorgungsqualität, die beiden Anderen geben keine Auskunft hierzu. *Compas* und Kollegen empfehlen, dass ein effektives Qualitätsverbesserungsprogramm folgende sieben Komponenten enthalten sollte, um eine langfristige Verbesserung der Behandlungsqualität zu bewirken:

- Ein klares, messbares Ziel

- Die Integration mehrerer Abteilungen

- Ausreichend Ressourcen und Schulungsmaterial

- Angebrachte Anreize

- Integration der Erfahrungen interner und externer Stakeholder

- Einen Projektführer

- Ein feedback-basiertes Prozess- und Ergebnismesssystem

Die Anreize werden sowohl auf individueller als auch auf Gruppenebene gezahlt. Auffällig ist, dass der Effekt meist nur solange anhielt, wie auch der Anreiz geboten wurde. Nach Beendigung des Programms kam es zu einem Rückfall der Qualitätsverbesserung auf das Ausgangsniveau. Der Review kommt zu dem Ergebnis, dass der kombinierte Einsatz von finanziellen und nicht-finanziellen Anreizen am Sinnvollsten ist.[140]

Custers, T. u.a. (2008){73}: Mittels einer Studienanalyse wollen Custers und Kollegen den Politikern in Ontario eine Entscheidungshilfe in Bezug auf die Auswahl und die Gestaltung eines effektiven Anreizsystems für Leistungserbringer geben. Hierfür werden sowohl finanzielle als auch nicht-finanzielle Anreize auf ihre Wirksamkeit hinsichtlich einer Qualitätssteigerung untersucht. Tabelle 10 stellt alle in den Studien gefundenen Anreizsysteme übersichtlich und differenziert nach Anreizen direkter und indirekter Art dar.

	Finanziell	Nicht-finanziell
Direkt	• Bonuszahlung • Leistungsbasierte Einbehaltung von Geld • Leistungsbasierte Gebührenordnung • Zahlung für Aktivitäten • Einsparungen werden verteilt • Normaler Zahlungsratenanstieg an Leistung binden • Qualitätszuschüsse • Finanzielle Auszeichnungen	• Intrinsische Motivation • Selbstverwirklichung • Neubesetzung der Führung
Indirekt	• Kostenunterschiede für Unterstützungsempfänger	• Veröffentlichung von Leistungsdaten

Tabelle 11: Anreize nach Custers und Kollegen[141]

Direkte Instrumente, wie bspw. Bonuszahlungen, führen unmittelbar zu einer Qualitätssteigerung, während indirekte Systeme wie PR zunächst das Patientenverhalten beeinflussen und dadurch in einem zweiten Schritt Auswirkungen auf die Qualität haben können. Aufgrund unterschiedlicher Umweltbedingungen gibt

[140] Vgl. Compas, C. u.a. (2008), S. 209-216.
[141] Quelle: Eigene Darstellung in Anlehnung an Custers, T. u.a. (2008), S. 3.

es keinen allgemeingültigen Standard für die Anreizgestaltung. Die Anreize müssen die Werte und Ziele des jeweiligen Gesundheitssystems widerspiegeln. Zudem ist es schwer, den Effekt von bisher eingesetzten Anreizen zu beurteilen. Oft fehlt ein Vergleichswert und Trends beeinflussen die Auswirkungen auf die Qualität. Auch der Beobachtungseffekt kann zu einer Verhaltensänderung bei den Leistungserbringern führen und somit die isolierte Betrachtung der Anreizeffekte erschweren. Bei der Entwicklung von Anreizen sollte darauf geachtet werden, dass diese neben der Ausrichtung auf eine gewünschte Verhaltensänderung, den Leistungserbringern auch einen gewissen Spielraum für Veränderungen lassen. Der kombinierte Einsatz von Bonuszahlungen mit nicht-finanziellen Anreizen wie PR, Earned Autonomy und Managerial Replacement ist ebenfalls Teil der Analyse. Nur für PR werden Beweise gefunden, dass es durch die Veröffentlichung der ärztlichen Leistungsdaten zu einer Qualitätsverbesserung kommt. Zum Einen wird Wettbewerb geschaffen und zum Anderen erkennen Leistungserbringer Schwachstellen im Versorgungsprozess und können diese beheben. Bei der Ausgestaltung neuer P4P-Programme sollte berücksichtigt werden, dass durch den Einsatz von monetären Anreizen auch unerwünschte Nebenwirkungen auftreten können. Hierzu zählen die Gefahr des Gaming, das Multitasking-Problem sowie die Unterdrückung der intrinsischen Motivation. Auf diese Probleme wird in Kapitel 4.4 ausführlicher eingegangen.[142]

de Brantes, F. u.a. (2008) {27}: In der Übersichtsarbeit von *de Brantes* und Kollegen werden ambulante Qualitätsindikatoren analysiert und auf ihre Eignung zur Messung der ärztlichen Leistung untersucht. Von den 62 identifizierten Indikatoren stellen sich nur 20 als wirtschaftlich und klinisch effektiv heraus. Dies lässt darauf schließen, dass in Amerika derzeit eine Reihe von ineffektiven Messgrößen zur Leistungserbringerbeurteilung in der Praxis verwendet wird. Die 20 effektiven Indikatoren werden anschließend mit einer von den Autoren entwickelten Methodik auf ihr Kosten-Nutzen-Verhältnis untersucht. Dabei stellen sich nahezu

[142] Vgl. Custers, T. u.a. (2008), S. 1-14.

alle effektiven Messgrößen auch als kosteneffizient heraus. Laut dem Review sollten sich Kostenträger bei der Implementierung neu-er Programme auf diese Messgrößenauswahl beschränken. Bei der Indikatorenbeurteilung erreichten Blutdruckwerte den höchsten kombinierten Wert aus Kosteneffizienz und klinischer Effektivität. Weiterhin berichtet die Arbeit von derzeit noch hohen Kosten der Datenbeschaffung zur Beurteilung der ärztlichen Leistung. Eine Möglichkeit der Erfassung sind Abrechnungsdaten, da diese standardisiert und bereits vorhanden sind. Jedoch sind dadurch nicht alle Indikatoren abdeckbar. Zum Beispiel lässt sich nicht beurteilen, ob eine Blutdruckmessung 140 oder 130 mmHg ergab. Alternativ wird die Krankheitsgeschichte genannt, deren Auswertung und Erstellung jedoch zeit- und ressourcenaufwendig ist. Die elektronische Patientenakte, die derzeit nur von 15-20% der Ärzte genutzt wird, würde eine Automatisierung ermöglichen. In Zukunft wird sich diese Art der Datenerfassung etablieren.[143]

De Vos, M. u.a. (2009) {21}: Die Implementierung von Qualitätsindikatoren im stationären Bereich sowie deren Potenialanalyse zur Steigerung der Behandlungsqualität sind Ziele dieser Publikation. Durch die Messung der Struktur-, Prozess- und Ergebnisqualität wird die Versorgung sowohl für den Kostenträger, den Leistungserbringer als auch den Patienten transparenter. Schwachstellen im Versorgungsprozess können identifiziert und umgehend behoben werden. Bereits die alleinige Beobachtung der Leistung übt Druck auf den Leistungserbringer aus und führt teilweise zu Verbesserungen der Versorgung. Als Strategien zur Steigerung der Versorgungsqualität wird neben Schulungen, Feedback und Qualitätsverbesserungsplänen auch der Einsatz von finanziellen Anreizen diskutiert. Der Review kommt zu dem Ergebnis, dass eine gleichzeitige Verwendung mehrerer Qualitätsverbesserungsmaßnahmen effektiver als die Konzentration auf ein Instrument ist. Die Autoren empfehlen einen Feedbackreport in Kombination mit anderen Strategien einzusetzen. Bei der Analyse von finanziellen Anreizen zeigt sich, dass die meisten Studien primär Prozessindikatoren zur Leistungsmessung heranziehen. Dort berichten sie in Teilbereichen auch von signifikanten positiven Ergebnissen.

[143] Vgl. De Brantes, F. u.a. (2008), S. 360-368.

Nur wenige Studien nutzen das Behandlungsergebnis zur Messung der Versorgungsqualität.[144]

Dudley, R. A. u.a. (2004) {15}: In diesem Review untersuchen *Dudley* und Kollegen inwieweit mittels Anreizen das Verhalten von Leistungserbringern beeinflusst werden kann. Hierzu wird ein konzeptionelles Modell entwickelt. Es werden randomisierte, kontrollierte Studien mit unterschiedlicher Ausgestaltung der qualitätsbasierten Bezahlung bezüglich der Effektivität analysiert und eine Simulation wird durchgeführt, inwieweit es bei PR zu einer Fehleinschätzung kommt. Sowohl Anreize im präventiven als auch im chronischen Bereich werden untersucht. Dabei reicht die Anreizhöhe von 0,80 Dollar pro verabreichte Spritze im Impfbereich bis zu 10000 Dollar pro Klinik pro Jahr. Es stellt sich heraus, dass Indikatoren, die wenig Patientenkooperation benötigen, am Effektivsten sind. Von den elf untersuchten Leistungsindikatoren zeigen sieben eine Steigerung der Versorgungsqualität, vier hingegen berichten von negativen Auswirkungen durch den Einsatz von finanziellen Anreizen. Die Simulation in Bezug auf PR ergibt, dass Krankenhäuser in öffentlichen Qualitätsberichten vor allem in der ersten Periode häufig falsch dargestellt werden. Nach drei Jahren der Berichterstattung werden nahezu keine falschen Einschätzungen guter Krankenhäuser mehr berichtet. Langfristig ist PR daher ein gutes Instrument zur Qualitätssteigerung. Dabei sollte das Punktebewertungssystem unterschiedliche Kategorien enthalten, was die Wahrscheinlichkeit erhöht, qualitativ gute und schlechte Krankenhäuser zu identifizieren.[145]

Eldridge, C., Palmer, N. (2009) {27}: Eldridge und *Palmer* analysieren qualitätsorientierte Vergütungssysteme in Niedrigeinkommensländern, wie bspw. Afghanistan, Ruanda, Uganda, Haiti und Kambodscha. In der Übersichtsarbeit werden vier unterschiedliche P4P-Modelle dargestellt, die sich hinsichtlich Empfänger und Zahler sowie unterschiedlichen Anreizen unterscheiden:

---

[144] Vgl. De Vos, M. u.a. (2009), S. 119-129.
[145] Vgl. Dudley, R. A. u.a. (2004), S. 1-61.

- Nutzung von P4P für die Verteilung von Spenden an die Regierungen
- P4P innerhalb des öffentlichen Sektors, z. B. in Costa Rica, Nicaragua
- Zahlungen der Regierung oder Spenden an nichtstaatliche Anbieter, z. B. Haiti, Afghanistan und Uganda
- Anreize für Angestellte im Gesundheitswesen, z. B. in Kambodscha und Ruanda

Wissenschaftlich herrscht derzeit noch Uneinigkeit bezüglich dem Potenial von P4P-Programmen zur Steigerung der Versorgungsqualität. Es ist schwer isolierte Aussagen bezüglich der Effektivität von P4P zu treffen, da Studien oft keine Vergleichsgruppen enthalten und Trends die Ergebnisse beeinflussen. Vor allem fehlt es an Publikationen, welche die Implementierung von erfolgsorientierten Vergütungssystemen in Entwicklungsländern und die damit verbundenen Probleme untersuchen. Deshalb wird in der Arbeit auf weitere Forschungslücken hingewiesen. So sollten z. B. die langfristigen Auswirkungen von absoluten Leistungszielen zur Verteilung der Anreize in weiteren Studien untersucht werden.[146]

Frolich, A. u.a. (2007) {9}: Ziel dieses Reviews ist es, die Auswirkungen von P4P und PR auf die klinische Versorgungsqualität zu untersuchen und hierzu ein konzeptionelles Modell zu entwickeln. Theorien über die Verwendung von Anreizen aus dem psychologischen, wirtschaftlichen und organisationstheoretischen Wissenschaftsumfeld werden hierzu auf den Gesundheitsbereich übertragen. Das sich daraus ergebende Modell kombiniert finanzielle Anreize mit Anreizen der Reputation. Zudem werden Umweltfaktoren sowie Arzt- und Patientencharakteristika berücksichtigt, die Auswirkungen auf die Anreizgestaltung haben. Die folgende Abbildung 16 zeigt den Aufbau dieses Modells.

---

146 Vgl. Eldridge, C., Palmer, N. (2009), S. 160-166.

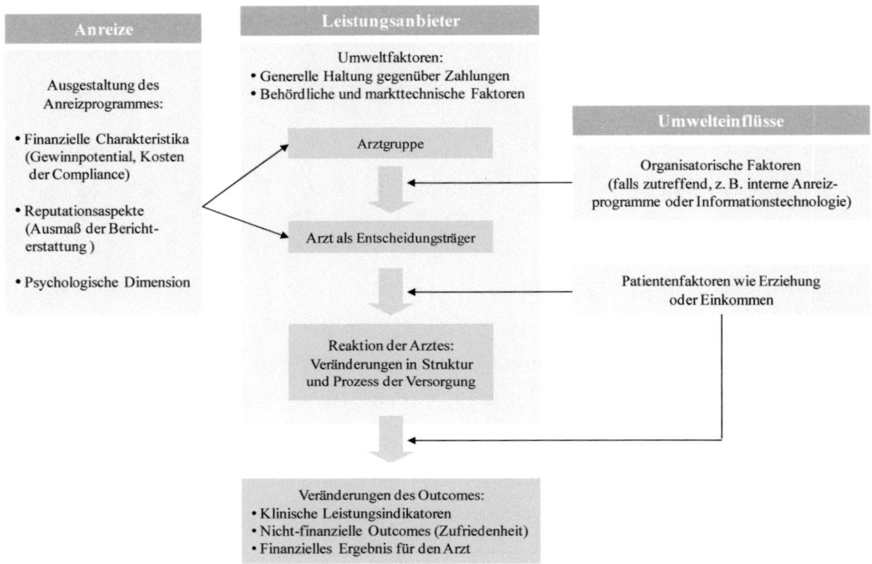

Abbildung 17: Konzeptionelles Modell der Reaktion auf Anreize[147]

Um eine positive Veränderung der Behandlungsqualität zu erreichen, gilt es sowohl Charakteristika der Leistungsanbieter, mögliche Anreizsysteme, als auch Umwelteinflüsse aufeinander abzustimmen. Sowohl bei der Ausrichtung der Anreize an Gruppen, als auch an individuelle Leistungserbringer ergeben sich gemischte Ergebnisse hinsichtlich der Qualitätsverbesserung. Auch kann kein Zusammenhang zwischen Anreizhöhe und Effektivität identifiziert werden. Zum Beispiel zeigt die Studie mit dem höchsten Anreiz negative Qualitätseffekte. Daher ist es schwer einen allgemeingültigen Standard für die Ausgestaltung der Anreize zu erarbeiten. Auffällig ist, dass die Verbesserung der Behandlungsqualität bei Indikatoren am Höchsten ausfällt, die wenig Patientenkooperation benötigen. Abschließend erfolgt in dem Review eine Beurteilung von PR in Kombination mit

[147] Quelle: Eigene Darstellung in Anlehnung an Frolich, A. u.a. (2007), S. 185.

P4P. Eine Veröffentlichung von Leistungsdaten führte zu besonders großen Qualitätssteigerungen bei Krankenhäusern, die vorher niedrige Leistung zeigten.[148]

Fung, C. H. u.a. (2008) {45}: Diese Arbeit beschäftigt sich primär mit der Veröffentlichung von Leistungsdaten im Gesundheitswesen und untersucht die daraus resultierenden Auswirkungen auf die Behandlungsqualität. Dabei kann PR die Qualität auf die folgenden zwei Arten beeinflussen:

- Selection Pathway: Patienten oder Angehörige vergleichen veröffentlichte Daten und belohnen besser arbeitende Ärzte, in dem sie diese bei den nächsten Beschwerden auswählen
- Change Pathway: Leistungserbringer können durch die Messung und das Feedback Schwachstellen im Prozess entdecken und dort ihre Leistung verbessern

Die Leistungsmessung der in diesem Review eingeschlossenen Studien erfolgt mittels Sterberaten und Indikatoren im Bereich der Herzerkrankungen. Während im ambulanten Bereich eine Aussage zur Effektivität von PR aufgrund der knappen Literaturbasis nicht möglich ist, zeigt sich im Krankenhaussektor in den Studien ein positiver Trend hin zu einer verbesserten Versorgungsqualität durch PR. Bei der Einführung von PR gilt es unerwünschte Konsequenzen zu berücksichtigen und zu mindern. Zum Beispiel besteht die Gefahr, dass Patienten mit einer geringen Wahrscheinlichkeit auf einen Behandlungserfolg zurückhaltender behandelt werden. Abschließend werden in der Arbeit noch Bereiche für weiteren Forschungsbedarf aufgezeigt. So sollten in zukünftigen Studien Kontrollgruppen eingesetzt werden, um Trendeinflüsse bei der Ergebnisinterpretation besser abschätzen zu können.[149]

Fung, V. u.a. (2010) {39}: Ziel dieser Arbeit von *Fung* und Kollegen ist es zu untersuchen, auf welche Empfängerebene Qualitätsverbesserungsstrategien wie P4P oder PR am Sinnvollsten ausgerichtet sein sollten, um die größte Effektivität zu

---

[148] Vgl. Frolich, A. u.a. (2007), S. 179-193.
[149] Vgl. Fung, C. H. u.a. (2008), S. 111-123.

erzielen. Eine mehrstufige Analyse der Leistungsqualitätsabweichungen innerhalb der Ebenen Leistungsanbieter, Arztgruppen, Einrichtungen und Health Plans wird hierfür mittels einer Metaanalyse durchgeführt. Abweichungen innerhalb einer Gruppe entstehen z. B. durch unterschiedliche Leitlinientreue, unterschiedliche Anreize und Erstattungen, abweichende Organisationskulturen sowie die Verfügbarkeit von Technologien. Dies hat zur Folge, dass die Bonuszahlungen bei P4P-Programmen ungerecht verteilt werden und die Patienten im Falle von PR falsch informiert werden. Die Abweichungen der Messgrößen sind auf Ebene der Ärzte 0-19%, bei Leistungserbringergruppen 0-10%, bei Einrichtungen wie Krankenhäuser, medizinischen Centern und Pflegeheimen 0-51% und auf Ebene der Health Plans 0-3%. Die größte Abweichung ist auf Organisationsebene ersichtlich. Anreize sollten deshalb nicht auf diese Empfängergruppe ausgerichtet werden. Bei der Untersuchung der Präzision von Messgrößenrankings ergab sich, dass die Genauigkeit umso schlechter ist, je geringer die Anzahl der Patienten pro Arzt ist, da es zu Verzerrungen kommen kann, wenn unter wenig Patienten viele schwerwiegende Behandlungsverläufe auftreten. Dies ist meist auf individueller Ebene und besonders bei seltenen Erkrankungen der Fall. In dem Review wird ein Reliabilitätswert von mindestens 0,8 genannt, der Gerechtigkeit gewährleisten soll. Dieser Wert hängt jedoch von dem Gebrauch und den Konsequenzen des Ranking ab.[150]

Gelfand, E. W. u.a. (2006) {35}: Diese Übersichtsarbeit von *Gelfand* und Kollegen beschäftigt sich mit dem Einsatz von P4P im Bereich der Asthmaversorgung. Hierfür wird der bereits in Kapitel 2.1.5 angesprochene HEDIS-Indikatorenkatalog, welcher eine Vielzahl an Indikatoren zur Leistungsmessung im Managed Care Bereich enthält, auf Messgrößen für Asthma untersucht und neue Strategien der Qualitätsverbesserung in diesem Bereich werden diskutiert. HEDIS enthält einen Indikator, der auf die Behandlung von Asthma ausgerichtet ist. Dieser misst den Prozentsatz der Mitglieder mit Asthma, die in dem Jahr der Messung eine an-

[150] Vgl. Fung, V. u.a. (2010), S. 140-148.

gebrachte, langfristig ausgerichtete Medikation erhalten haben. Dabei erfolgt eine Differenzierung nach Patientenalter und der Einsatz von verschiedenen Medikamenten zur Behandlung der Krankheit ist möglich. Jedoch sollte diese Messgröße aufgrund einiger Limitationen zukünftig noch angepasst werden. Zum Beispiel sollte die Anwesenheit bei Terminen in die Definition mit aufgenommen werden. Zur Verbesserung der Asthmaversorgung wird neben Schulungen auch der Einsatz von P4P-Programmen als mögliche Strategie diskutiert. Hierfür wird das durch die IHA initiierte P4P-Programm näher dargestellt, das die Behandlungsleistung zu 40% auf Basis von klinischer Qualität, zu 40% bezüglich Patientenzufriedenheit und zu 20% aufgrund von Investitionen in IT bemisst. Zudem kommt es zu einer Veröffentlichung der Leistungsdaten. Laut den Autoren sind noch wenige Informationen bezüglich der Effektivität von P4P im Asthmabereich vorhanden, jedoch wird diesem Finanzierungstyp viel Potenial zugeschrieben, da neben den Patienten auch die Leistungserbringer hiervon profitieren können und sowohl den ansteigenden Kosten als auch der sinkenden Qualitätsversorgung Rechnung getragen wird.[151]

Giuffrida, A., Torgerson, D. J. (1997) {11}: Patienten können einen entscheidenden Einfluss auf das Behandlungsergebnis haben. Daher beschäftigt sich die Übersichtsarbeit von *Giuffrida* und *Torgerson* mit der Fragestellung, inwieweit durch finanzielle Anreize für Patienten deren Compliance bezüglich Gesundheitsleistungen erhöht werden kann. Unter Compliance versteht man die Einhaltung der medizinischen Anweisungen z. B. bezüglich der Arzneimitteleinnahme oder auch die Wahrnehmung der vereinbarten Arzttermine. Diese Mitarbeit seitens des Patienten stellt ein großes Problem bei der erfolgsorientierten Vergütung dar, da der Leistungserbringer hierauf keinen direkten Einfluss hat, dieses Verhalten sich jedoch negativ auf die ärztliche Bonuszahlung auswirken kann. Verschiedene Diagnosebereiche werden hierfür in der Arbeit untersucht. Diese reichen von der Anwesenheit bei Tuberkuloseimpfungen bis hin zu Messgrößen im Bereich der Drogenabhängigkeit. Die Anreizhöhe schwankt von fünf Dollar bis zu Geschenken im Wert von 1000 Dollar in Bezug auf Kokainabhängigkeit. Bei zehn der elf

[151] Vgl. Gelfand, E. W. u.a. (2006), S. 298-305.

eingeschlossenen Studien erhöht sich die Patientenkooperation durch den Einsatz von finanziellen Anreizen. Nur in einer Studie stellen sich nicht-finanzielle Anreize als effektiver heraus. Hierbei wird man bei wiederholtem Terminversäumnis in der Warteliste heruntergestuft. Finanzielle Anreize zeigen sich im Gegensatz zu alternativen Interventionen als meist kostengünstiger, da größere Compliance mit geringeren Kosten erreicht werden kann. Jedoch hängt die Kostenwirksamkeit bei steigender Compliance auch davon ab, ob die zusätzliche Patientenkooperation die zusätzlichen Kosten wert ist. Dies ist meist der Fall, wenn erhebliche Vorteile nicht nur für die Patienten, sondern für die ganze Gesellschaft entstehen. Die Behandlung oder Prävention von Tuberkulose ist ein Beispiel hierfür. Wenn Patienten sich nicht an die Anweisungen des Arztes halten, führt dies nicht nur zu einer Verteuerung der Behandlung für den einzelnen Patienten, sondern es entsteht auch eine Ansteckungsgefahr für andere Leute, was erneute zukünftige Kosten für das Gesundheitssystem zur Folge hat.[152]

Giuffrida, A. u.a. (2000) {2}: Giuffrida und Kollegen untersuchen in ihrem Review, wie durch den Einsatz von sogenannten Target Payments der Behandlungsprozess sowie die Behandlungsqualität beeinflusst werden kann. Bei Target Payment handelt es sich um eine Vergütungsform, bei der Ärzte nur vergütet werden, wenn ein im Vorhinein festgesetzter minimaler Versorgungsstandard erreicht wird. Nur wenn z. B. die Impfrate der Praxis einen festgesetzten Wert überschreitet, erhält die Praxis einen bestimmten Geldbetrag. Lediglich zwei Studien erfüllen die Einschlusskriterien dieses Reviews und beschäftigen sich beide mit dem Bereich der Impfungen. Zwar wird durch den Einsatz von Target Payments eine Steigerung der Impfrate beschrieben, jedoch war diese statistisch nicht signifikant. Nur eine der beiden Studien ermittelte das Kosten-Nutzen-Verhältnis dieser Vergütungsform. Zusätzliche Kosten, die durch jede Impfung eingespart werden können, belaufen sich auf 3,02 Dollar. Eine Generalisierbarkeit dieser Ergebnisse stellt sich als schwer heraus, da Charakteristika der Patientenpopulation berück-

[152] Vgl. Giuffrida, A., Torgerson, D. J. (1997), S. 702-707.

sichtigt werden müssen und die Studienqualität der eingeschlossenen Studien relativ gering ist. Weitere Forschung ist in diesem Bereich nötig.[153]

Glickman, S. W. u.a. (2008) {31}: Neun Prozessindikatoren im Bereich der Notfallmedizin werden von *Glickman* und Kollegen in diesem Review auf ihre klinische Eignung untersucht. Dabei handelt es sich um Messgrößen im Bereich Herzerkrankungen, Lungenentzündung und Schlaganfall. Zum Beispiel wird die Messung der Sauerstoffsättigung bei Lungenentzündung als Leistungskriterium herangezogen. Bei der Ausgestaltung von Programmen in der Notfallmedizin sollte berücksichtigt werden, dass sich die Indikatoren von Messgrößen aus anderen Bereichen unterscheiden, da oft zeitkritische und lebensgefährliche Situationen vorliegen. Die Bewertung der Messgrößen erfolgt anhand der von dem American College of Cardiology und der American Heart Association entwickelten Methodik. Nur fünf der neun Indikatoren erfüllen deren Kriterien. Bezüglich der Kosteneffektivität lässt sich sagen, dass einige der Messgrößen, wie z. B: Aspirin bei Herzinfarkt, bereits in hohem Maße eingesetzt werden. Der Spielraum für Verbesserungen ist relativ gering, aber trotzdem mit meist hohen Implementierungs- und Überwachungskosten verbunden. Zusätzlich zu den bereits analysierten neun Indikatoren werden noch weitere mögliche Indikatoren für den Notfallbereich genannt, die in Zukunft genutzt werden können. Bei der Entwicklung neuer Messgrößen sollte der Fokus auf der Erkennung und Behandlung von zeitkritischen lebensbedrohlichen Situationen und der Beurteilung von Patienten mit undifferenzierten Anzeichen und Symptomen liegen. Es fehlt noch an wissenschaftlichen Beweisen, bevor diese Indikatoren in P4P-Programme integriert werden. Zudem sollten Indikatoren für weitere Notfallbereiche wie traumatische Erkrankungen, Blutvergiftung und toxikologische Notfälle gefunden werden.[154]

Gonzalez, C. M. u.a. (2007) {35}: Über den möglichen Einsatz der erfolgsorientierten Vergütung im Bereich der Urologie wird in der Publikation von *Gonzalez* und Kollegen diskutiert. Struktur-, Prozess- und Ergebnisindikatoren sollten hierfür im Zusammenspiel genutzt werden und eine Risikoanpassung der Anreize ist

[153] Vgl. Giuffrida, A. u.a. (2000), S. 1-12.
[154] Vgl. Glickman, S. W. u.a. (2008), S. 622-631.

angebracht, um die Patientenselektion zu mindern. Es fehlt derzeit noch an evidenzbasierten, spezifischen Indikatoren für die Urologie, die eine gerechte und genaue Messung der Behandlungsqualität ermöglichen. Die Organisation CMS entwickelte bereits zwei Indikatoren, die für Patienten im Bereich der Urologie angewendet werden können. Diese reichen jedoch nicht aus, um sämtliche Diagnosen abzudecken. Der erste Indikator überprüft die Durchführung einer angebrachten Thromboseprophylaxe, während der Zweite die antibiotische Prophylaxe für chirurgische Patienten überwacht. Die Entwicklung neuer Messgrößen erfordert urologie-spezifische Daten. Die American Urological Association arbeitet in Zusammenarbeit mit anderen Organisationen an diesem Projekt.[155]

Greene, S. E., Nash, D. B. (2009) {100}: Greene und *Nash* geben in ihrer Arbeit einen Überblick über die derzeitige Studienlage im Bereich der qualitätsorientierten Vergütung. Die durch eine Recherche in der Medline-Datenbank identifizierten Studien werden anhand von sieben Überpunkten kategorisiert. Diese reichen von allgemeinen Beschreibungen der erfolgsorientierten Vergütung bis hin zu Studien, die Empfehlungen für den Aufbau solcher Programme geben. Aus der Datensynthese der 100 eingeschlossenen Studien ergeben sich folgende Implikationen. P4P-Programme können einen positiven Effekt auf die Leistung der Ärzte haben. Dabei sollten Indikatoren jedoch als Richtlinien gelten. Es sollte den Leistungserbringern möglich sein, wenn angebracht und begründet, von im Vorhinein festgesetzten Werten abzuweichen. Die Ungleichbehandlung bestimmter Patientengruppen stellt bisher ein großes Problem im Gesundheitswesen dar. Entsprechende Elemente zur Reduktion dieser Versorgungslücke sollten bei der Gestaltung von P4P-Programmen berücksichtigt werden. Eine Effizienzbetrachtung sollte durchgeführt werden, um Sponsoren für die Programme zu bekommen. Auch sind die Ärzte derzeit noch nicht ausreichend über die Struktur der Programme informiert. Weitreichende Schulungen können hier Abhilfe schaffen. Im Bereich der Dokumentation wird es als notwendig erachtet, die Daten mit Hilfe der elek-

[155] Vgl. Gonzalez, C. M. u.a. (2007), S. 402-408.

tronischen Patientenakte zu erfassen. Dies verhindert Fehldokumentationen und führt zu Zeiteinsparungen gegenüber der Auswertung der Krankengeschichte. Bei der Anreizgestaltung sollte berücksichtigt werden, dass der Anreiz auf die jeweiligen Umweltbedingungen und die Empfängerebene abgestimmt wird, um den größtmöglichen Effekt zu erzielen. Aufgrund der derzeitigen Studienlage wird P4P ein großes Potenial für die Zukunft zugeschrieben. Dabei sollten alle beteiligten Personen, von den Patienten über die Leistungserbringer bis hin zu den Kostenträgern, von dem Programm profitieren, um die gewünschten Verhaltensänderungen zu bewirken und eine langfristig verbesserte Behandlungsqualität zu erreichen.[156]

Hrisos, S. u.a. (2009) {15}: Direkte und indirekte Methodiken zur Messung der klinischen Qualität werden in dem Review von *Hrisos* und Kollegen analysiert. Bei der direkten Messung erfolgt die Erfassung der Leistungsdaten über Beobachter, Video- oder Audioaufzeichnungen oder auch standardisierte, simulierte Patienten. Erhält man die notwendigen Informationen aus Krankengeschichte, durch Interviews oder Fragebögen mit Ärzten oder Patienten, so spricht man hingegen von indirekter Messung. Dabei stellt sich die indirekte Erfassung als kostengünstiger und besser verfügbar dar. Die direkte Messung ist aufdringlich, bewirkt aufgrund der Beobachtung ein gesellschaftlich erwünschtes Verhalten und ist zudem zeitintensiv und teuer. Es fehlt derzeit noch an Studien, welche den kombinierten Einsatz von verschiedenen indirekten Messmethoden miteinander vergleichen. Die aus dem Review gewonnenen Erkenntnisse sollten bei der Gestaltung von P4P-Programmen im Krankenhausbereich berücksichtigt werden.[157]

Hussey, P. S. u.a. (2009) {172}: Effizienzmessgrößen sowohl aus dem ambulanten als auch stationären Gesundheitsbereich werden in dieser Übersichtsarbeit dargestellt und kategorisiert. Die 265 identifizierten Leistungsindikatoren werden nach Sichtweise, Output, Input, verwendeter Methodik und wissenschaftlicher Stichhaltigkeit klassifiziert. Zur Berechnung der Effizienz wird der Output der Intervention dem Input gegenübergestellt. Nahezu alle Studien berücksichtigten

---

[156] Vgl. Greene, S. E., Nash, D. B. (2009), S. 139-163.
[157] Vgl. Hrisos, S. u.a. (2009), S. 1-20.

Prozess- oder Strukturindikatoren, wie die Anzahl der Besuche oder Überweisungen, als Outputgröße. Nur fünf Messgrößen integrierten den Behandlungserfolg als Output. Als Input werden die Kosten und Ressourcen für die Durchführung der Verbesserung verwendet. Die Validität oder Reliabilität kann nur für sechs Messgrößen ermittelt werden, während für 67 Indikatoren eine Sensitivitätsanalyse durchgeführt wird. Die Autoren kommen zu dem Ergebnis, dass Effizienzmessgrößen derzeit noch nicht weitgehend erforscht sind und meist die Versorgungsqualität vernachlässigen. Ihre Verwendung kann zu Widerständen seitens der Ärzte sowie zu unerwarteten Konsequenzen, wie die bevorzugte Behandlung von Patienten mit guten Heilungschancen, führen. Die Erfassung der Effizienz im Bereich der Qualitätsverbesserung erfordert noch weitere Forschung.[158]

Kalk, A. u.a. (2010) {26}: Der von *Kalk*, *Paul* und *Grabosch* erstellte Review spezialisiert sich auf in Ruanda durchgeführte P4P-Programme. Neben einer Datenbankrecherche werden zusätzlich Interviews durchgeführt, um die Stärken und Schwächen der Programme seit der ersten Einführung im Jahr 2002 zu identifizieren. Es werden positive Steigerungsraten der Qualität berichtet. Da neben P4P viele andere Faktoren, wie ansteigende Gesundheitsausgaben und Gehaltserhöhungen der Ärzte, einen Einfluss auf den Behandlungsprozess nehmen, ist eine isolierte Betrachtung der P4P-Effekte nur schwer durchführbar. Die Bonushöhe der Programme schwankt zwischen 75 und 750 Dollar pro Monat und wird aus Fonds der World Bank, des Global Fund against Aids, Tuberculosis and Malaria und anderen Kooperationen finanziert. Es ist zu berücksichtigen, dass eine Reihe an unerwünschten Nebenwirkungen auftreten kann. Zum Einen kann die intrinsische Motivation der Leistungserbringer durch den Einsatz von finanziellen Anreizen sinken. Das Bestreben, eine Aktivität aus eigenem Willen durchzuführen, wird durch eine, auf ein bestimmtes Verhalten ausgerichtete, monetäre Belohnung verändert. Zum Anderen ist der Effekt des Gamings zu nennen. Leistungserbringer fokussieren sich auf Indikatoren, die Teil des Bonusprogramms sind und ver-

[158] Vgl. Hussey, P. S. u.a. (2009), S. 784-805.

nachlässigen daher oft anderen Tätigkeiten. Es entsteht aufgrund der begrenzten Arbeitszeit ein Konflikt zwischen den für die Belohnung notwendigen Tätigkeiten, wie z. B. der Dokumentation und den notwendigen Versorgungstätigkeiten. Zudem kann es zu einer Manipulation von Daten kommen, um berichtete Ergebnisse zu verbessern. Auch halten viele Leistungserbringer P4P-Programme für Überwachungssysteme und sehen sich in ihrer beruflichen Entscheidungsfreiheit eingeschränkt. Empfehlungen für die bessere Ausgestaltung der P4P-Programme in Ruanda werden abschließend gegeben. So sollten z. B. die von einer Institution gesetzten Leistungsziele nicht grundlegend von den Zielwerten der Zahler abweichen, da die Leistungserbringer sonst in einen Konflikt geraten.[159]

Kane, R. u.a. (2004) {56}: Finanzielle Anreize im Präventivbereich, die sowohl an Patienten als auch an Leistungserbringer gerichtet sind, stehen im Zentrum der Betrachtung dieser Arbeit. Der Review soll zum Einen als Basis für die Entwicklung effektiver Strategien der Prävention dienen und zum Anderen die Stakeholder hinsichtlich ihrer Rolle in den Programmen informieren. Auch Empfehlungen für die Ausgestaltung der Anreize werden gegeben und eine Analyse der Kosteneffektivität von P4P wird durchgeführt. Auf Leistungserbringerseite lässt sich keine eindeutige Aussage bezüglich der Qualitätsverbesserung durch den Einsatz von Bonuszahlungen machen. Sowohl positive als auch negative Auswirkungen werden berichtet. Jedoch stellt sich heraus, dass Anreize, die auf Gruppenebene gezahlt werden, effektiver sind als Zahlungen an individuelle Leistungserbringer. Auf Patientenseite hingegen werden kurzzeitige Qualitätssteigerungen durch den Einsatz von Anreizen berichtet. Langfristig ausgerichtete Studien zeigen jedoch, dass dieser Effekt nur für die Dauer der Anreizzahlung zu verzeichnen ist. Nach Beendigung des Programms ist eine Rückkehr zum ursprünglichen Qualitätsniveau zu erkennen. Bezüglich der optimalen Anreizhöhe lässt sich auf Leistungsanbieterebene keine allgemeine Aussage treffen. Diese ist von Faktoren, wie den jeweiligen Umweltweltbedingungen oder den Arztcharakteristika, abhängig. Auf Patientenebene ist auffällig, dass bereits ein relativ kleiner Anreiz ausreicht, um eine Verhaltensänderung herbeizuführen. Eine Aussage bezüglich der Kostenef-

[159] Vgl. Kalk, A. u.a. (2010), S. 182-190.

fektivität ist schwer, da es hierzu nur wenige Studien gibt. Nur 7 der 47 Studien auf Patientenebene kalkulierten das Kosten-Nutzen-Verhältnis ihrer Programme. In fünf der sieben Studien stellte sich eine Alternativstrategie als kosteneffektiver heraus. Eine langfristige Betrachtung der Kosteneffektivität wird jedoch in keiner der Studien durchgeführt. Die Autoren kommen zu dem Ergebnis, dass finanzielle Anreize, wenn sie groß genug sind, das Verhalten kurzfristig beeinflussen können. Dies gilt sowohl für den Patienten- als auch den Leistungserbringerbereich. Empfehlungen für die Ausgestaltung von Anreizen werden gegeben. Zum Beispiel besteht die Gefahr, dass die Leistungserbringer von der Bonuszahlung abhängig werden. Wenn das Programm endet oder andere Bereiche belohnt werden, kann sich dies demotivierend auf die Leistungserbringer auswirken. Daher gilt es die Anreizhöhe und Anreizdauer auf die Leistungserbringer abzustimmen. Abschließend wird auf Bereiche für weiteren Forschungsbedarf eingegangen.[160]

Khanduja, K. u.a. (2009) {70}: Nach einer allgemeinen Betrachtung und Darstellung der Ergebnisse von bisher durchgeführten P4P-Programmen diskutiert dieser Review die Poteniale der Implementierung einer erfolgsorientierten Vergütung in der Intensivmedizin. Zudem wird der Einsatz von alternativen finanziellen und nicht-finanziellen Anreizen zur Qualitätsverbesserung in diesem Bereich analysiert. Eine zentrale Erkenntnis der Arbeit ist, dass ein guter Indikator klinisch relevant, standardisiert, einfach, leicht messbar und valide sein sollte, um als Messgröße in P4P-Programmen zu dienen. In dem Review werden eine Vielzahl an potentiellen Struktur-, Prozess- und Ergebnisindikatoren für den Einsatz im Intensivbereichgenannt. Neben der risikoangepassten Sterberate kann z. B. die Messung der Schmerzwerte als Qualitätsindikator herangezogen werden. Werden Ergebnisindikatoren auf der Intensivstation als Messgrößen herangezogen, so sollte berücksichtigt werden, dass diese oft von vorgelagerten Prozessen abhängen, die nicht im Verantwortungsbereich der Abteilung liegen. Daher sind Indikatoren mit einer kurzen Messdauer von z. B. nur einem Tag angebrachter. Bezüglich der An-

[160] Vgl. Kane, R. u.a. (2004), S. 1-7.

reizhöhe ergibt sich, dass sich der durchschnittliche maximale Bonus auf 9% des jährlichen Ärzteeinkommens beläuft. Eine Aussage zu einer optimalen Anreizhöhe kann nicht getroffen werden, jedoch sollten mindestens die Kosten der Implementierung des Programms abgedeckt sein. Im Intensivbereich ist darauf zu achten, dass der Anreiz an alle Beteiligten eines fächerübergreifenden Teams gezahlt wird, um Gerechtigkeit zu gewährleisten. Bezüglich der Dokumentation ist zu sagen, dass die elektronische Patientenakte die Zuordnung von Aktivitäten zu den ausführenden Personen erleichtert, ihr weitreichender Einsatz sich aufgrund der hohen Einrichtungskosten jedoch noch ein paar Jahre verzögern wird. Auch Probleme wie das Gaming oder die Patientenselektion werden angesprochen. Kapitel 4.4 beschäftigt sich ausführlich mit diesen unerwünschten Konsequenzen. Abschließend werden alternative finanzielle Qualitätsverbesserungsstrategien wie der Center of Excellence Approach-Ansatz und die Pay for Participation-Vergütung diskutiert, bevor auf nicht-monetäre Anreize näher eingegangen wird. Ein Einbezug der Ärzte bei der Entwicklung von P4P-Programmen wird als sinnvoll erachtet, da dadurch die Akzeptanz der Leistungserbringer bezüglich dieser Vergütungsform steigt und praktische Erfahrungen bei der Messgrößengestaltung berücksichtigt werden können.[161]

Khunti, K. u.a. (2007) {6}: Dieser Review vergleicht die Qualität der ambulanten Diabetesversorgung in Großbritannien vor und nach Einführung des P4P-Programms QOF im Jahre 2004. Bei dem QOF handelt es sich, wie bereits in Kapitel 2.1.3 beschrieben, um das europäische P4P-Referenzprojekt, bei dem Ärzte durch Erreichen von Qualitätspunkten etwa 20% ihres Einkommens zusätzlich erzielen können. Dabei beziehen sich 99 der 1050 erreichbaren Qualitätspunkte auf den Diabetesbereich. In den Studien, die sich auf die Jahre 2000-2004 beziehen, wird zwar ein Trend hin zu einer verbesserten Versorgung sowohl im Prozess- als auch Ergebnisindikatorenbereich festgestellt, jedoch führt die Einführung von QOF bei nahezu allen Prozessindikatoren zu höheren Werten. Die verbesserte Erfassung des Raucherstatus ist nur ein Beispiel hierfür. Auch im Bereich der Outcomemessgrößen steigt die Behandlungsqualität für Blutdruck-, Cholesterin- und

---

[161] Vgl. Khanduja, K. u.a. (2009), S. 852-858.

HbA1c-Messgrößen durch den Einsatz von P4P. Ein vollständiger Vergleich aller Leistungsmessgrößen ist nicht möglich, da sich die Indikatoren der Studien von denen des QOF teilweise unterscheiden. Bezüglich der Dokumentation wird berichtet, dass eine ansteigende Verwendung der elektronischen Datenerfassung im Bereich Diabetes ersichtlich ist, was selbst schon ein Anzeichen für eine verbesserte Qualität ist. Um Gerechtigkeit bei der Anreizverteilung zu gewährleisten, gibt es auch im QOF die Möglichkeit, Patienten mit außergewöhnlichem Behandlungsaufwand begründet von der Qualitätsmessung auszuschließen. Dies wird als Exception Reporting bezeichnet. Die Ausschlussraten bei QOF belaufen sich auf etwa 4,7% für Diabetes-Indikatoren.[162]

Lagarde, M. u.a. (2009) {10}: Der Review von *Lagarde* und Kollegen zielt darauf ab, die Wirksamkeit von auf Patienten ausgerichteten finanziellen Anreizen zur Verbesserung der Gesundheitsversorgung und des Zugangs zu Gesundheitsleistungen in einkommensschwachen Ländern zu untersuchen. In den identifizierten Programmen werden z. B. Patienten für die Anwesenheit bei Schulungen, die Messung von Größe und Gewicht oder die Teilnahme an Impfungen belohnt. Neben finanziellen Anreizen werden auch kostenlose Gesundheitsleistungen oder Nahrungsergänzungsmittel eingesetzt. Dabei stellen sich finanzielle Anreize als eine angebrachte Maßnahme zur Erhöhung der Inanspruchnahme von präventiven Angeboten heraus. Abschließend werden Empfehlungen für die Praxis gegeben. Monetäre Anreize sind z. B. nur dann angebracht, wenn auch qualitativ hochwertige Versorgung seitens der Leistungserbringer geboten werden kann, was in Entwicklungsländern aufgrund von fehlender Praxisausstattung oft erschwert ist. Auch die Leistungsmessung und richtige Zuordnung der Anreize ist in diesem Umfeld erschwert. Forschungslücken werden in dieser Arbeit ebenfalls aufgezeigt. So fehlt es noch an Studien, die z. B. die Kosteneffektivität dieser Programme im Vergleich zu alternativen Strategien untersuchen. Das für das Pro-

[162] Vgl. Khunti, K. u.a. (2007), S. 1436-1441.

gramm zur Verfügung gestellte Geld kann z. B. auch für die Modernisierung der Gesundheitseinrichtungen genutzt werden.[163]

Leonardi, M. J. u.a. (2007) {26}: Dieser Review befasst sich mit dem potentiellen Einsatz der qualitätsorientierten Vergütung im Präventivbereich, im Speziellen mit der tiefen Venenthrombose (DVT). Die Steigerung der Prophylaxe in diesem Bereich ist besonders für Krebspatienten ein entscheidender Aspekt. Es wird gezeigt, dass durch die Verwendung von entsprechenden Arzneimitteln die DTV-Rate erheblich gesenkt werden kann. Auch treten nur in seltenen Fällen Komplikationen bei diesem Prozess auf. Daher ist es sinnvoll, eine Arzneimittelprophylaxe für Chirurgiepatienten mit einem Malignom durchzuführen. Folgende Kriterien sollten bei der Ausgestaltung einer Messgröße für DTV berücksichtigt werden:

- Durchführung einer angebrachten Prophylaxe
- Dokumentation des Zeitpunkts der Prophylaxe vor und nach der Operation
- Outcomemessung bezüglich der DTV- und Lungenembolie-Rate innerhalb von 30 Tagen nach der Operation

Es stellt sich als schwierig heraus, die Erkrankung DTV nach der Entlassung aus dem Krankenhaus zu erkennen und den Outcome zu messen. Daher sind Prozessindikatoren in Bezug auf die Prophylaxe sinnvoller als Ergebnisgrößen. Die Ergebnisse dieses Reviews dienen der Entwicklung von Leitlinien.[164]

Lussier, J. P. u.a. (2006) {40}: Eine Metaanalyse im Bereich der gutscheinbasierten Vergütung, ausgerichtet auf Patienten mit substanzbedingten Störungen, wird von *Lussier* und Kollegen durchgeführt. Hierbei erhalten Patienten für die Abstinenz von Drogen, die Terminanwesenheit in Kliniken sowie die Einnahme der verschriebenen Medikation Gutscheine von geringem Geldwert. In allen drei Bereichen werden signifikant verbesserte Outcomes im Vergleich zur alleinigen

---

[163] Vgl. Lagarde, M. u.a. (2009), S. 1-51.
[164] Vgl. Leonardi, M. J. u.a. (2007), S. 929-936.

Kontrolle ohne Anreiz berichtet. Im Abstinenzbereich und bei der Arzneimittel-Compliance lag die durchschnittliche Verbesserung bei 32%, bei der Anwesenheit wurde eine Steigerung von 15% erreicht. Nur eine Studie in Bezug auf Alkohol zeigte keine Verbesserung. Eine Reihe von Implikationen für die Anwendung in der Praxis wird gegeben. Zum Einen sollte sich die Abstinenzbeobachtung auf eine Droge beschränken, um den Effekt besser beurteilen zu können. Zudem sollte der Gutschein umgehend nach Feststellung der Abstinenz ausgegeben werden. Wird der Bonus erst nach einem bestimmten Zeitraum gewährt, so wird die zusätzliche Zahlung oft nicht in Verbindung mit der ursprünglichen Verhaltensänderung gebracht. Es zeigt sich, dass je höher der Gutscheinbetrag ist, desto höher ist die Qualitätsverbesserung. Dies kann jedoch aufgrund der geringen Studienanzahl nicht verallgemeinert werden. Abschließend werden Bereiche für weiteren Forschungsbedarf genannt. Zum Beispiel sollten neben Gutscheinen auch alternative Anreizarten zur Verhaltensänderung in diesem Bereich untersucht werden.[165]

Mason, A. (2008) {31}: Mason ermittelt mit Hilfe seines Reviews, warum neuartige Medikamenten in Großbritannien zurückhaltender eingesetzt werden als in anderen Ländern. Determinanten für die Verwendung von neuen Arzneimitteln, die Ursachen für geographische Unterschiede und der Einfluss von Preis, Kosten und finanziellen Anreizen auf das Verschreibungsverhalten werden hierfür analysiert. Auch in dem, im Jahr 2004 initiierten, britischen P4P-Programm namens QOF finden sich auf das Verschreibungsverhalten von Arzneimitteln ausgerichtete Ziele. Für ein bestimmtes Satin erfolgt z. B. eine Rückerstattung des Pharmaherstellers an die Zahler, wenn bei einem bestimmten Prozentsatz von Patienten der vorher festgelegte Cholesterinlevelwert nicht erreicht wird. Es fehlt derzeit noch an Studien, die P4P in diesem Bereich analysieren. Weitere Forschungsarbeit ist nötig, um eine aussagekräftige Entscheidung über die Effektivität von finanziellen Anreizen im Arzneimittelbereich treffen zu können.[166]

---

[165] Vgl. Lussier, J. P. u.a. (2006), S. 192-203.
[166] Vgl. Mason, A. (2008), S. 1-10.

McNamara, P. (2005) {25}: Ziel der Publikation von *McNamara* ist es, zu diskutieren, ob und wie qualitätsorientierte Vergütungsvereinbarungen in Entwicklungsländern zur Sicherung und Förderung der Versorgungsqualität eingesetzt werden können. Anhand von sechs Fallbeispielen wird die Ausgestaltung von stationären und ambulanten P4P-Programmen bezüglich Anreizstrukturen und verwendeten Messgrößen untersucht. Diese Programme werden in Amerika, Costa Rica, Haiti und Nicaragua durchgeführt. Nur in Haiti und Nicaragua wird von einer Verbesserung der Behandlungsqualität in Folge von monetären Anreizen berichtet. Die Autoren heben hervor, dass die Verwendung von P4P nicht auf einen bestimmten Empfänger oder ein bestimmtes Vergütungssystem beschränkt ist. Durch eine Anpassung der Programmstruktur kann diese Vergütungsform in nahezu allen Ländern eingesetzt werden. Eine Reihe an sowohl technischen als auch interpersonellen Struktur-, Prozess und Ergebnisindikatoren findet Anwendung bei der Beurteilung der Versorgungsqualität, welche auf das jeweilige Land abgestimmt sein sollten. Auch hinsichtlich der Anreizgestaltung unterscheiden sich die einzelnen Programme. Als Beispiel kann hierfür die Anreizquelle genannt werden. Die Finanzierung der Programme kann durch Zahlungskürzung bei Leistungsanbietern mit niedriger Leistung, durch Anbieter-Anbieter-Transfer, durch Einsparungen in Folge von qualitativ höherer Versorgung oder durch neu beschafftes Geld erfolgen. Die Leistungserbringer bevorzugen die Gründung eines neuen Fonds, jedoch ist dies aufgrund des aktuellen Kostendrucks im Gesundheitswesen schwer durchsetzbar.[167]

Mehrotra, A. u.a. (2009) {8}: Die Analyse der erfolgsorientierten Vergütung für Leistungserbringer im Krankenhaussektor ist Ziel der Übersichtsarbeit von Mehrotra und Kollegen. Die Qualitätsauswirkung von P4P auf verschiedene klinische Messgrößen wird untersucht. Neben den typischen Struktur-, Prozess- und Outcomeindikatoren werden weitere Messgrößen, wie die Kosteneffektivität, die Patientenerfahrungen und die Patientensicherheit, verwendet. Die Kosteneffektivität bemisst sich durch die Aufenthaltsdauer im Krankenhaus nach Durchführung der Operation, die Patientensicherheit durch z. B. die Vermeidung postoperativer Blu-

[167] Vgl. McNamara, P. (2005), S. 357-362.

tungen und die Patientenerfahrung wird durch Befragungen zur Leistung ermittelt. In den acht analysierten Studien werden primär Prozessindikatoren verwendet. Bei den drei untersuchten Programmen zeigen sich Verbesserungen der Versorgungsqualität von 2- 4% im Vergleich zu den Kontrollgruppen. Bei allen Programmen bemisst sich der Anreiz nach der relativen Verbesserung zu Vergangenheitswerten, bei zwei werden zusätzlich absolute Schwellenwerte gesetzt, die für eine Zusatzzahlung erreicht werden müssen. Sowohl Bonuszahlungen für gute Leistungen als auch Strafen bei Nichterreichen festgesetzter Ziele sind möglich. Die Ausgestaltung der einzelnen Programme hinsichtlich Indikatoren, Leistungsziel und Anreizart ist in der Tabelle 11 nochmals zusammengefasst dargestellt.

P4P-Programm	Indikatoren						Leistungsziel		Anreizart		
	Outcome	Prozess	Struktur	Patienten-erfahrung	Patienten-sicherheit	Kosten-effektivität	Absolut	Relativ	Bonus	Ein-behaltung	Strafe
Blue Cross Blue Shield		x	x		x		x	x	x		
Hawaii Medical Service Association	x	x	x	x	x	x	x	x	x		
CMS	x	x			x			x	x		x

Tabelle 12: Aufbau von P4P-Programmen im Krankenhausbereich[168]

P4P wird oft in Kombination mit einer Veröffentlichung der Leistungsdaten eingesetzt, was die isolierte Aussage zur Effektivität von P4P erschwert. Mehr als 98% der US-Akutkliniken liefern ihre Leistungsdaten an das CMS, welches die Daten dann veröffentlicht. Die Autoren des Reviews empfehlen, dass bei der Effizienzbetrachtung von P4P auch die Kosten des Leistungsmonitorings und der Überwachung von unerwünschten Konsequenzen, wie das Gaming, einbezogen werden sollten. Abschließend wird auf offene Forschungsfragen hingewiesen.

[168] Quelle: Eigene Darstellung in Anlehnung an Mehrotra, A. u.a. (2009), S. 21.

Zum Beispiel sollte in zukünftigen Arbeiten untersucht werden, ob Krankenhäuser, die höhere Bonuszahlungen erhalten, auch größere Leistungssteigerungen verzeichnen.[169]

Michalczuk, R., Mitchell, A. (2009) {1}: Michalczuk und *Mitchell* analysieren den Einsatz von finanziellen Anreizen im Diagnosebereich der Schizophrenie. Dabei erhalten Patienten einen finanziellen Anreiz für Verhaltensverbesserungen und die Erledigung von bestimmten Tätigkeiten. Nur eine Studie von relativ geringer Qualität dient dem Review als Grundlage. Diese wurde bereits 1962 mit nur 25 Teilnehmern und kurzem Betrachtungszeitraum durchgeführt. Patienten mit Erkrankungen im Bereich der Schizophrenie erledigen einfache Aufgaben wie das Zusammenbauen einer Puppe. Zur Belohnung erhält jeweils eine Gruppe von 12 Personen einen finanziellen Anreiz von 0,025 Dollar für 12 zusammengebaute Puppen. Die kognitiven Funktionen werden gestärkt, was zu einer Verbesserung des Erkrankungsverlaufs und somit der Lebensqualität der Patienten führt. Dieser Review zeigt auf, dass bereits kleine finanzielle Anreize eine Verhaltensänderung bei Patienten herbeiführen können. Abschließend werden allgemeine und themenspezifische Bereiche für weiteren Forschungsbedarf genannt. Zum Beispiel sollten zukünftige Arbeiten auch nicht-finanzielle Anreize zur Verhaltensänderung als Alternative heranziehen.[170]

Oxman, A. D., Fretheim, A. (2009) {12}: Ziel der Publikation von Oxman und Fretheim ist es, durch die Analyse von zwölf systematischen Reviews die Auswirkungen von P4P auf die Versorgungsqualität zusammenzufassen. Das Ergebnis soll als Entscheidungsgrundlage dienen, wann und wie P4P in Niedrig- und Mitteleinkommensländern genutzt werden sollte. Zunächst erfolgt eine allgemeine Darstellung des Einsatzes und der Effektivität von finanziellen Anreizen auf den Ebenen Patient, Arzt und Organisation. Da sich nur eine Studie mit dem Einsatz von P4P in Niedrigeinkommensländern beschäftigt, ist es schwer eine Aussage bezüglich der Effektivität von monetären Bonuszahlungen in diesen Gebieten zu treffen. In Niedrigeinkommensländern erhalten Patienten einen finanziellen Be-

---

[169] Vgl. Mehrotra, A. u.a. (2009), S. 18-28.
[170] Vgl. Michalczuk, R., Mitchell, A. (2009), S. 1-20.

trag für die Teilnahme an Präventivmaßnahmen wie Impsitzungen. Zur Anreizhöhe wird keine Aussage getroffen, jedoch gehen die Autoren davon aus, dass in diesen Ländern ein geringerer Anreiz als in den britischen und amerikanischen Programmen ausreicht, um eine Verhaltensänderung bei den Patienten zu bewirken. Eine Reihe von unerwünschten Nebenwirkungen wird in diesem Review ermittelt. Diese sind in Abbildung 17 übersichtlich dargestellt und werden im Kapitel 4.4 näher erläutert und diskutiert.

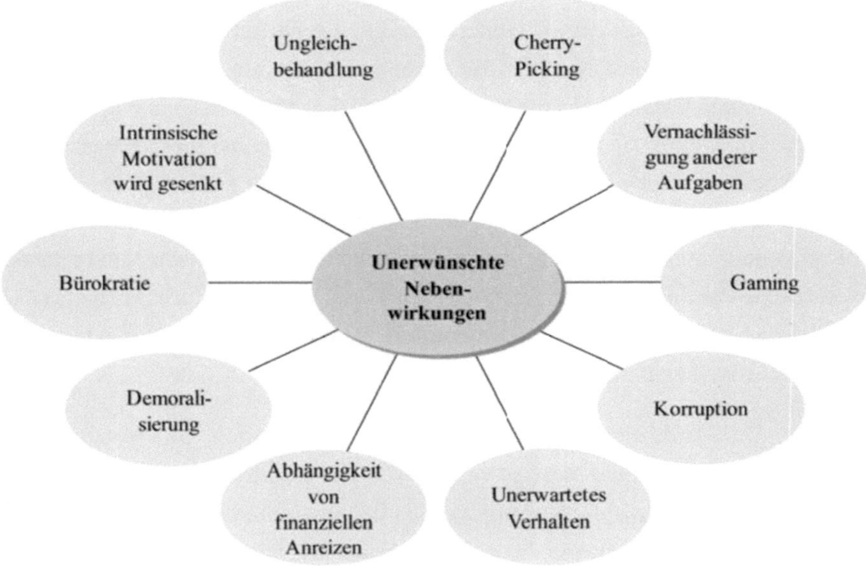

Abbildung 18: Unerwünschte Nebenwirkungen von P4P[171]

Abschließend werden in der Arbeit neben ethischen Implikationen auch Empfehlungen für die Ausgestaltung von zukünftigen P4P-Pogrammen gegeben. Zum Beispiel sollten im Patientenbereich Anreize eingesetzt werden, die nur eine kurz-

---

[171] Quelle: Eigene Darstellung in Anlehnung an Oxman, A. D., Fretheim, A. (2009), S. 70-83.

zeitige Verhaltensänderung bewirken. Diese sind effektiver als langfristig Ausgerichtete.[172]

Paul-Ebhohimhen, V., Avenell, A. (2008) {7}: Inwieweit der Einsatz von P4P auf Patientenebene zur einer verbesserten Behandlung von Fettleibigkeit und Übergewicht führt, wird in dem Review von *Paul-Ebhohimhen* und *Avenell* untersucht und diskutiert. Dabei erhalten Patienten für erkennbare Verhaltensänderungen eine Bonuszahlung oder müssen einen bestimmten Geldbetrag hinterlegen, den sie bei Erreichen der Ziele zurückerstattet bekommen. Die Boni werden dabei sowohl individuell als auch auf Gruppenebene bezahlt, wobei sich Gruppenanreize als effektiver herausstellen. Belohnt wird neben dem Gewichtsverlust z. B. die Anwesenheit bei Therapiesitzungen. Die durchgeführte Metaanalyse bezüglich Gewichtsverlust und Beibehaltung des Gewichts für einen Zeitraum von 12 bzw. 18 Monaten zeigt keine signifikanten Verbesserungen. Laut dem Review steigt die Wahrscheinlichkeit für positive Effekte, wenn die Anreizhöhe 1,2% des persönlich verfügbaren Einkommens übersteigt. Bezüglich der Kosteneffektivität dieser Programme kann keine Aussage getroffen werden, da es noch an Studien in diesem Bereich fehlt. Es wird empfohlen, neben finanziellen Anreizen auch noch weitere Qualitätsverbesserungsstrategien in Kombination mit P4P einzusetzen. Auch sollten Langzeitstudien in diesem Bereich durchgeführt werden, um die Rückfallwahrscheinlichkeit nach Beendigung des Programms besser beurteilen zu können.[173]

Petersen, L. A. u.a. (2006) {17}: Der Einsatz von finanziellen Anreizen zur Verbesserung der Behandlungsqualität wird von *Petersen* und Kollegen mittels einer Datenbankrecherche analysiert. Dabei konzentriert sich der Großteil der ermittelten Studien auf den Präventivbereich. Zur Messung der Leistung wird neben den typischen Struktur-, Prozess- und Ergebnisindikatoren auch die Patientenzufriedenheit herangezogen. Bei der Analyse der Bemessungsgrundlage ergibt sich, dass sowohl die relative Verbesserung als auch das Erreichen eines absoluten vorher festgelegten Schwellenwerts belohnt werden sollte, da beide Methodiken

---

[172] Vgl. Oxman, A. D., Fretheim, A. (2009), S. 70-83.
[173] Vgl. Paul-Ebhohimhen, V., Avenell, A. (2008), S. 355-367.

abhängig von der Ausgangsleistung sowohl Vor- als auch Nachteile aufweisen. 12 der 17 Studien berichten von einer Qualitätsverbesserung durch den Einsatz von monetären Anreizen. Bezüglich der Anreizgestaltung lässt sich sagen, dass die Anreizhöhe für Leistungserbringer mindestens 5% der Einnahmen aus der Capitation betragen sollte, um eine Verhaltensänderung herbeizuführen. Jedoch wird auch von Ausnahmen berichtet, bei denen geringe Anreize zu positiven Ergebnissen führten. Bezüglich des optimalen Zeitpunkts für die Bonuszahlung empfiehlt dieser Review, dass diese umgehend nach der Messung erfolgen sollte und nicht erst am Jahresende, um den größtmöglichen Effekt zu erzielen. Dadurch bringen Leistungserbringer die Belohnung in direkte Verbindung mit der Verhaltensänderung. Der Einsatz von finanziellen Anreizen hat den positiven Nebeneffekt einer signifikanten Verbesserung im Bereich der Leistungsdokumentation, da die Bonuszahlung nur auf Grundlage von gemessener Leistung erfolgen kann. Bei der Implementierung neuer P4P-Programme gilt es zu berücksichtigen, dass durch den Einsatz finanzieller Anreize auch unerwünschte Nebenwirkungen wie Gaming oder Adverse Selektion auftreten können. Unter Gaming versteht man die Manipulation der dokumentierten Leistung, während Adverse Selektion die benachteiligte Behandlung von Patienten mit aufwendigen Erkrankungen bedeutet. Es wird zudem beobachtet, dass die Bonuszahlung meist in Zusammenhang mit Feedbackinstrumenten eingesetzt wird. Daher ist es schwer, den isolierten Effekt von P4P zu ermitteln. Abschließend werden Forschungslücken in diesem Bereich aufgezeigt. Zum Beispiel fehlt es an Studien, die untersuchen, ob es nach Beendigung des P4P-Programms zu einem Rückfall der Leistungsqualität auf das ursprüngliche Niveau kommt.[174]

Pierce, R. G. u.a. (2007) {87}: In dem von *Pierce* und Kollegen durchgeführten systematischen Review werden zunächst Schwachstellen aktueller Vergütungssysteme aufgezeigt. Nach einer historischen Betrachtung von P4P-Programmen, werden aktuelle P4P-Programme bezüglich der verwendeten Indikatoren und An-

[174] Vgl. Petersen, L. A. u.a. (2006), S. 265-272.

reize analysiert. Anschließend versuchen die Autoren zu ermitteln, welche Stakeholder den Einsatz von P4P unterstützen und inwieweit diese Einfluss auf die Gesundheitspolitik haben. Zu guter Letzt werden die Poteniale einer qualitätsorientierten Vergütung in der orthopädischen Chirurgie diskutiert. Führende Personen im Bereich der orthopädischen Chirurgie werden hierzu befragt. Der Review hebt hervor, dass aktuelle Vergütungssysteme meist die Anzahl der durchgeführten Tätigkeiten in den Mittelpunkt der Betrachtung stellen und die Qualitätskomponente nahezu vernachlässigen. Bei der Implementierung von P4P-Programmen sollte berücksichtigt werden, dass zunächst kostenintensive Investitionen in Informationstechnologien zur Sammlung der erforderlichen Daten und zur Prozessoptimierung von Nöten sind. Gerade im ambulanten Bereich können sich viele Ärzte diese Vorauszahlung nicht leisten, was den weitreichenden Einsatz von P4P hemmt. Zudem müssen unerwartete Konsequenzen, wie das Gaming oder die mögliche Patientenselektion, in die Betrachtung einbezogen werden. Meist erfolgt P4P auch in Kombination mit einer Veröffentlichung der ermittelten Leistungsdaten. Patienten haben ein Interesse an diesen Informationen, da sie ihnen bei der Auswahlentscheidung eines geeigneten Leistungserbringers hilft. Jedoch besteht die Gefahr einer Fehlinterpretation der Daten. Der erfolgsorientierten Vergütung wird ein hohes Potenial für die Zukunft zugeschrieben. Die Organisation CMS sammelt derzeit Daten im Bereich der Orthopädie, um geeignete Messgrößen in diesem Bereich zu entwickeln. Jedoch sind noch weitere Analysen nötig, um P4P in der Orthopädie weitgehend zu implementieren. Ein Einbezug der Orthopäden in die Ausgestaltung der Programme wird von den Autoren als sinnvoll erachtet.[175]

Rosenthal, M. B. u.a. (2004) {10}: Rosenthal und Kollegen analysieren Programme der qualitätsorientierten Vergütung hinsichtlich verschiedener Ausgestaltungskriterien. Eine ausführliche Darstellung der Aufbaustruktur erfolgt für drei der Programme und für 34 weitere Programme aus dem ambulanten als auch stationären Sektor werden Kriterien, wie Sponsor, Indikatoren und Anreizgestaltung, kurz dargestellt. In Bezug auf die für die Verteilung der Anreize notwendige Be-

[175] Vgl. Pierce, R. G. u.a. (2007), S. 87-95.

messungsgrundlage kommt die Übersichtsarbeit zu dem Ergebnis, dass wettbewerbsmäßig ausgestaltete Programme am Weitesten verbreitet sind. Da eine Ausrichtung des Anreizes an absoluten Schwellenwerten ebenso wie die Belohnung einer relativen Verbesserung zu Vorjahreswerten Nachteile mit sich bringt, ist es angebracht, diese beiden Methodiken in Kombination einzusetzen. Bezüglich der Messgrößenauswahl kann gesagt werden, dass die meisten Programme klinische Struktur- und Prozessindikatoren für die Leistungsmessung heranziehen. Diese werden größtenteils dem HEDIS-Indikatorenset entnommen. Die Ermittlung der Patientenzufriedenheit nimmt derzeit eine noch eher untergeordnete Rolle ein. Als eine unerwünschte Nebenwirkung der qualitätsorientierten Vergütung wird das Multitasking-Problem angesprochen. Leistungserbringer konzentrieren sich unter Zeitdruck auf Aktivitäten, die zu einer hohen Bonuszahlung führen und vernachlässigen dadurch andere Tätigkeiten, obwohl diese in der jeweiligen Situation womöglich angebrachter sind.[176]

Rosenthal, M. B., Frank, R. G. (2006) {6}: In der von *Rosenthal* und *Frank* erstellten Übersichtsarbeit wird die Effektivität von P4P im Gesundheitswesen beurteilt und vergleichbare Interventionen in anderen Sektoren, wie bspw. der Psychologie oder dem Schulbereich, betrachtet. Im Gesundheitssektor werden nur wenige Beweise für eine verbesserte Versorgungsqualität durch den Einsatz von finanziellen Anreizen gefunden. Dies ist auf die relativ geringe Anreizhöhe bei den meisten Programmen zurückzuführen. Als Indikatoren dienen die Impfrate, die Einhaltung von Leitlinien beim Krebsscreening, die angebrachte Beratung im Bereich der Raucherentwöhnung sowie klinische Qualitätsmessgrößen. Auch gilt es unerwartete Konsequenzen bei dem Einsatz von P4P zu berücksichtigen. So kann es seitens der Leistungserbringer zu einer Patientenselektion kommen. Patienten, deren Behandlung mit einer hohen Wahrscheinlichkeit zum Erfolg führt und deren Diagnose Teil des Bonusprogramms ist, werden bevorzugt behandelt. Haben Leistungserbringer vertragliche Vereinbarungen mit mehreren Zahlern, so

[176] Vgl. Rosenthal, M. B. u.a. (2004), S. 126-141.

kann es sein, dass sich diese teilweise überlappen und womöglich zu einem Zielkonflikt führen. In diesem Fall spricht man von dem Multitasking-Problem. Bei der Interpretation von Studienergebnissen sollte berücksichtigt werden, dass die Qualitätsverbesserung oft nur das Resultat einer verbesserten Dokumentation durch P4P ist, obwohl der grundlegende Prozess nicht verändert wird. Die Analyse von P4P in Bereichen außerhalb des Gesundheitswesens zeigte gemischte Auswirkungen auf die Qualität.[177]

Sabatino, S. A. u.a. (2008) {30}: Der Einsatz von Arztbeurteilungen, Feedbackgesprächen und finanziellen Anreizen als Mittel zur Steigerung der Screeningeffektivität wird in der Übersichtsarbeit von *Sabatino* und Kollegen diskutiert. Dabei erfolgt die Leistungsmessung durch Eigenberichterstattung oder anhand der Krankengeschichte. Arztbeurteilungen und internes Feedback zeigen positive Effekte in Bezug auf Brustkrebsscreening, den Pap-Test und den Stuhlprobentest. Aufgrund einer ungenügenden Studienanzahl und inkonsistenten Ergebnissen kann keine eindeutige Aussage zur Qualitätsverbesserung durch den Einsatz von finanziellen Anreizen getroffen werden. In dem Review fällt auf, dass finanzielle Anreize oft in Kombination mit Feedback eingesetzt werden. Abschließend stellen die Autoren Bereiche für weiteren Forschungsbedarf sowohl im Feedbackbereich als auch im Bereich der finanziellen Anreize dar. Zum Beispiel fehlt es an Studien, welche die Kosteneffektivität von Alternativstrategien zur Steigerung der Krebsscreeningleistung beurteilen.[178]

Schatz, M. (2008) {22}: Die durch ambulante P4P-Programme hervorgerufene Qualitätsverbesserung wird in dieser Übersichtsarbeit von *Schatz* analysiert. Dabei wird der Anreiz sowohl auf individueller als auch auf Gruppenebene gezahlt. Eine Beurteilung, welche Empfängerebene die größten Qualitätssteigerungen bringt, wird nicht durchgeführt. Die Messgrößen beziehen sich auf die Bereiche Impfrate, Diabetes, Asthma und Raucherentwöhnung. Untersuchungen der Effektivität ergeben, dass positive Ergebnisse nur unter bestimmten Voraussetzungen sichtbar sind. Nur wenn der Anreiz groß genug ist, die Indikatoren flexibel ge-

[177] Vgl. Rosenthal, M. B., Frank, R. G. (2006), S. 134-157.
[178] Vgl. Sabatino, S. A. u.a. (2008), S. 67-74.

genüber Veränderungen sind, die Patienten Einsatz zeigen und eine Kombination mit anderen Strategien erfolgt, ist mit einer langfristigen Qualitätsverbesserung zu rechnen. Als weitere Strategien zur Steigerung der Versorgungsqualität werden behördliche Initiativen, Rezertifizierungen, Schulungen, Zuschüsse für Infrastrukturverbesserungen, Entscheidungsunterstützungssysteme, Feedbackgespräche, PR und Patientenanreize genannt. Diese führen teilweise zu den gleichen Ergebnissen wie durch den Einsatz von P4P. Häufig wird eine Kombination dieser Instrumente verwendet. Aktuell fehlt es noch an Studien, die eine isolierte Untersuchung ausgewählter Strategien durchführen, um die tatsächliche Effektivität der verschiedenen Anreize zu beurteilen. Abschließend wird darauf hingewiesen, dass die Implementierung von P4P-Programmen auch mit erheblichen Kosten und unerwarteten Konsequenzen verbunden ist.[179]

Scott, A. u.a. (2010) {keine Angabe}: Bei dieser Publikation handelt es sich ausschließlich um das Protokoll eines Reviews, also die Darstellung des geplanten Vorgehens. Die Arbeit wurde bisher noch nicht veröffentlicht. Ziel dieser Übersichtsarbeit ist es, die Effektivität der qualitätsorientierten Bezahlung im ambulanten Sektor zu untersuchen. Hierfür sollen Anreizarten ermittelt werden, die bereits in der Vergangenheit zu einer Qualitätssteigerung geführt haben. Zudem sollen sowohl Patienten- als auch Arztcharakteristika identifiziert werden, die mit positiven Ergebnissen bisheriger P4P-Programme in Verbindung gebracht werden können.[180]

Shi, Y. (2008) {64}: Shi versucht mittels einer Analyse von britischen und amerikanischen Studien die Beziehung zwischen expliziten finanziellen Anreizen und der Versorgungsqualität bei chronischen Krankheiten zu untersuchen. Zudem werden Treiber und Barrieren der Ausgestaltung von P4P-Programmen identifiziert. Alle der sechs eingeschlossenen Publikationen zeigen positive Effekte durch den Einsatz finanzieller Anreize, jedoch schwankte das Ausmaß der Qualitätsstei-

[179] Vgl. Schatz, M. (2008), S. 213-219.
[180] Vgl. Scott, A. u.a. (2010), S. 1-8.

gerung zwischen den Studien. Eine Verallgemeinerung oder Übertragbarkeit dieser Ergebnisse auf ein anderes Land ist aufgrund der unterschiedlichen Umweltbedingungen nicht möglich. Zudem erschwert der Trendeinfluss die Deutung der Auswirkungen. Bei der Implementierung neuer P4P-Programme gilt es die Anreize auf die jeweiligen Leistungserbringer abzustimmen. Die in den Studien berichtete geringe Anreizhöhe von teilweise 1% des durchschnittlichen jährlichen Einkommens reicht meist nicht aus, um eine Verhaltensänderung bei den Ärzten herbeizuführen. Auch bei der Auswahl der Qualitätsindikatoren ist Vorsicht geboten. Prozessindikatoren finden zwar im Gegensatz zu Ergebnismessgrößen eine höhere Akzeptanz bei den Ärzten und sind leicht zu messen, jedoch führen diese nicht zwingend zu einer Verbesserung des Behandlungsergebnisses. Bezüglich der Leistungsziele ist zu sagen, dass sowohl die Belohnung einer relativen Verbesserung im Vergleich zu Vergangenheitswerten als auch das Setzen von absoluten Schwellenwerte Vor- und Nachteile mit sich bringen. Diese wurden bereits in Kapitel 2.1.4 diskutiert. Daher ist eine Kombination der beiden Methodiken am Sinnvollsten.[181]

Sorbero, M. E. u.a. (2006)[1] {15}: Sorbero und Kollegen führen in ihrer Publikation zwei getrennte systematische Reviews durch. In der ersten Datenbankrecherche wird die bisherige wissenschaftliche Literatur in Bezug auf die Auswirkungen von P4P auf die Versorgungsqualität untersucht. Dabei behandeln die 15 identifizierten Studien hauptsächlich den Präventivbereich. Alle Studien nutzen Prozessindikatoren, vereinzelt in Kombination mit Ergebnisgrößen oder der Messung von Patientenzufriedenheit. Sowohl positive als auch negative Qualitätseffekte werden berichtet, weshalb keine eindeutige Aussage getroffen werden kann. Die Studien sind in ihrer Struktur sehr heterogen und oft werden nur einzelne Elemente der Programme berichtet, was einen Vergleich der P4P-Auswirkungen erschwert. Es fällt auf, dass die Anreizhöhe der Projekte meist zu gering ist, um eine Verhaltensänderung bei den Leistungserbringern herbeizuführen. Es wird empfohlen mindestens 5% der jährlichen Praxiseinnahmen als Bonus zu zahlen, da die Implementierung und Veränderung von Prozessen mit erheblichen Kosten

[181] Vgl. Shi, Y. (2008), S. 1-21.

verbunden ist. Bei der Ausgestaltung neuer Programme sollte auch darauf geachtet werden, dass die Gewährungsdauer der Anreize nicht zu kurz ist. Es kostet die Leistungserbringer Zeit, sich des Programms bewusst zu werden, die Anreizstruktur zu verstehen, das Programm zu akzeptieren, eine Verbesserungsstrategie zu entwickeln und anschließend das Verhalten zu ändern. Auch wird in der Studie von einer teilweise unzureichenden Weitergabe der Anreize an individuelle Ärzte berichtet, wenn die Zahlung auf Gruppenebene erfolgt. Eine isolierte Ergebnisinterpretation wird durch Trendeinflüsse, andere Qualitätsverbesserungsmaßnahmen und die Auswirkungen einer verbesserten Dokumentation erschwert.[182]

Sorbero, M. E. u.a. (2006)[2] {keine Angabe}: Im zweiten Teil der Übersichtsarbeit analysieren *Sorbero* und Kollegen mittels einer Datenbankrecherche und Interviews 157 amerikanische Programme im Bereich der qualitätsorientierten Vergütung. Zur Messung der Leistung werden klinische Indikatoren, Kosteneffizienz, Ressourcenverbrauch, IT-Technologie und Patientenzufriedenheit genutzt, wobei klinische Messgrößen eine höhere Gewichtung aufweisen. Auf fünf Möglichkeiten zur Finanzierung der Programme wird eingegangen. So ist neben einer Umverteilung z. B. die Gründung eines neuen Fonds möglich. 130 Sponsoren werden in diesem Bereich identifiziert. Auch zeigt der Review Implikationen für die Ausgestaltung neuer P4P-Programme auf. So empfehlen die Autoren eine ständige Anpassung der Programme an die sich ändernden Umweltbedingungen. Um den Ärzten den Umgang mit der neuen Vergütungsform zu erleichtern, sollten von den Zahlern Schulungen oder eine Unterstützung bei der technischen Implementierung angeboten werden. Auch sollten die Leistungsanbieter in den Entwicklungs- und Implementierungsprozess integriert werden, um deren Erfahrung zu berücksichtigen und die Akzeptanz zu steigern. Bei der Auswahl möglicher P4P-Einsatzbereiche sollte die Häufigkeit einer Erkrankung, die Existenz von evidenzbasierten Messgrößen, die Möglichkeit zur Verbesserung und der erwartete Return on Investment in das Entscheidungskalkül einbezogen werden. Oft wird P4P

[182] Vgl. Sorbero, M. E. u.a. (2006), S. 1-32.

in Kombination mit der Veröffentlichung der Leistungsdaten eingesetzt. Dieser nicht-finanzielle Anreiz zeigt positive Ergebnisse in Bezug auf die Qualitätssteigerung.[183]

Steel, N., Willems, S. (2010) {35}: In dieser Arbeit wird der Aufbau des bereits in Kapitel 2.1.3 angesprochenen britischen P4P-Programms QOF dargestellt und dessen Auswirkungen auf die Versorgungsqualität analysiert. Insbesondere unerwartete Konsequenzen und der Einfluss von P4P auf die Ungleichbehandlung bestimmter Patientengruppen werden untersucht. Bezüglich der Effektivität von P4P zeigt der Review, dass sich die durchschnittliche Zielerreichung des QOF, nach zunächst anfänglichen Schwierigkeiten, jährlich bis auf durchschnittlich 90,8% im dritten Jahr verbesserte. Vor allem in den Bereichen Diabetesversorgung, koronare Herzerkrankungen, Schlaganfall, transitorische ischämische Attacke, Blutdruck und Raucherentwöhnung ergaben sich Qualitätssteigerungen. Jedoch muss der Trend und der Einfluss anderer Qualitätsinitiativen bei der Deutung der Ergebnisse berücksichtigt werden. Es gilt zu berücksichtigen, dass unerwartete Konsequenzen durch den Einsatz von P4P auftreten können. So kann es z. B. zu einer Vernachlässigung von Aktivitäten kommen, die nicht Teil des Bonusprogramms sind. Der bereits in anderen Reviews berichtete Verlust an intrinsischer Motivation konnte von den Autoren nicht bestätigt werden. Bezüglich der Ungleichbehandlung bestimmter Patientengruppen ist zu sagen, dass sich diese durch die Einführung des QOF nicht in allen Bereichen verbessert. Zum Beispiel werden zwar die Unterschiede in Bezug auf das Alter genauso abgeschwächt wie die Behandlungsunterschiede zwischen sozial schwächeren und reicheren Wohngegenden, jedoch werden weiterhin unterschiedliche Werte zwischen Mann und Frau berichtet. Diese Unterschiede stiegen teilweise sogar an. Bezüglich der Kosteneffektivität von P4P wird bei der Datenbankrecherche nur eine Studie gefunden, die ein positives Kosten-Nutzen-Verhältnis für zwölf untersuchte Indikatoren feststellt. Hier fehlt es noch an weiteren Forschungsaktivitäten.[184]

---

[183] Vgl. Sorbero, M. E. u.a. (2006), S. 33-153.
[184] Vgl. Steel, N., Willems, S. (2010), S. 117-125.

Stone, E. G. u.a. (2002) {108}: Stone und Kollegen untersuchen sieben auf verschiedene Empfängerebenen ausgerichtete Strategien zur Steigerung von präventiven Maßnahmen. Dabei handelt es sich neben finanziellen Anreizen um Erinnerungen, Feedbacksysteme, Schulungen, gesetzliche Aktivitäten, Organisationsveränderungen und Massenmedienkampagnen. Wie Abbildung 18 verdeutlicht sind je nach Empfängerebene andere Interventionen angebracht. Finanzielle Anreize sollten z. B. nur auf den Ebenen Patient, Leistungserbringer und Organisation eingesetzt werden. Für die vier in dem Review untersuchten Krankheitsbereiche wird jeweils eine Rangliste erstellt, welche die Effektivität der einzelnen Interventionen bezüglich dem Potenial einer Qualitätssteigerung widerspiegelt. Dabei landen finanzielle Anreize bei Impfungen auf Platz drei, bei Brustkrebsscreening auf Platz eins, bei Gebärmutterscreening auf Platz zwei und bei Darmkrebsscreening auf Platz vier.

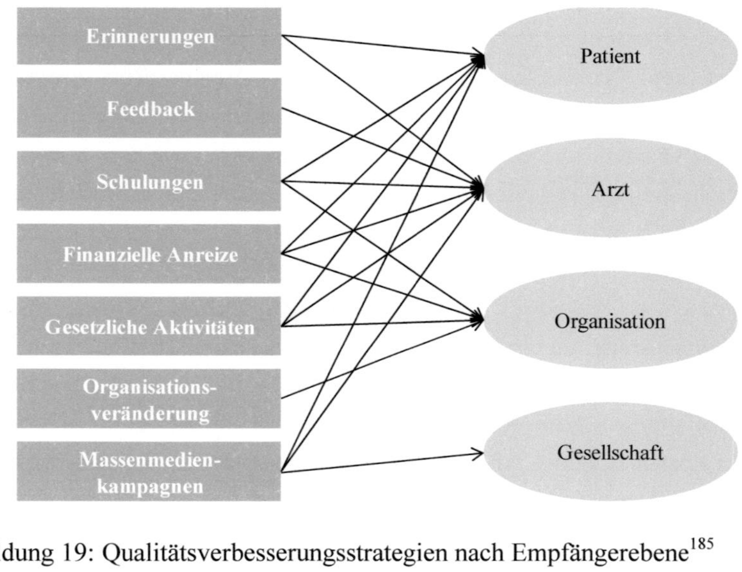

Abbildung 19: Qualitätsverbesserungsstrategien nach Empfängerebene[185]

[185] Quelle: Eigene Darstellung in Anlehnung an Stone, P. W. (2009), S. 642.

Laut den Autoren erhöht der kombinierte Einsatz mehrerer Strategien meist die Effektivität. Als Beste der sieben Strategien stellte sich die Organisationsveränderung dar. Patientenerinnerungen zeigen ebenfalls positive Ergebnisse. Schulungen und Feedback hingegen bringen eher geringere Verbesserungen der Qualität und sollten daher nicht die erste Wahl sein.[186]

Town, R. u.a. (2005) {6}: Ziel der Übersichtsarbeit von *Town* und Kollegen ist es, den Einfluss von finanziellen Anreizen für Leistungserbringer zur Steigerung der Präventivmaßnahmen zu untersuchen. Sechs Studien im Bereich der Impfungen und des Krebsscreenings werden hierfür in den Review eingeschlossen. Nur ein einziger positiver Zusammenhang zwischen finanziellen Anreizen und einer gesteigerten Präventionsrate wird identifiziert. In diesem Zusammenhang wird auch eine Kosteneffektivität festgestellt. Eine weitere Studie berichtet positive Ergebnisse. Dabei werden die Bonuszahlungen jedoch in Kombination mit einem Feedbackgespräch angeboten und eine isolierte Betrachtung ist daher schwierig. Diese Ergebnisse müssen jedoch nicht bedeuten, dass finanzielle Anreize kein sinnvolles Instrument zur Präventionssteigerung sind. Eine Reihe von Gründen für das eher schlechte Abschneiden von P4P wird in der Arbeit genannt. So war z. B. die Anreizhöhe meist sehr gering und konnte die Leistungserbringer zu keiner Verhaltensänderung bewegen. Auch die schlechte Aufklärungsrate der Ärzte bezüglich der Struktur der P4P-Programme ist als Begründung zu nennen. Nur wenn die Leistungserbringer informiert sind, können sie ihr Verhalten entsprechend danach ausrichten. Auch haben Patienten einen entscheidenden Einfluss auf das Behandlungsergebnis, was bei der Deutung der Ergebnisse berücksichtigt werden sollte. Sie können z. B. durch Nichtbefolgung der ärztlichen Anweisungen den Versorgungsprozess negativ beeinflussen. Im Falle von P4P hat dies niedrige Bonuszahlungen für die Leistungserbringer zur Folge. Abschließend werden acht Empfehlungen für die Ausgestaltung zukünftiger Forschungsarbeiten genannt. Zum Beispiel sollte bei der Recherche zukünftiger Studien auch Literatur aus den Berei-

[186] Vgl. Stone, P. W. (2009), S. 641-651.

chen Wirtschaft, Organisationstheorie und Psychologie berücksichtigt werden, da diese in engem Zusammenhang mit P4P stehen.[187]

Van Herck, P. u.a. (2010) {128}: Wie der Einsatz von P4P die klinische Effektivität, den Zugang zu Gesundheitsleistungen, die Gleichbehandlung, die Koordination und die Kosteneffizienz beeinflusst, wird in dem Review von *Van Herck* und Kollegen untersucht. Zudem diskutieren die Autoren die Ausgestaltung der Programme in Abhängigkeit von den Umweltbedingungen. Dabei dienen 128 ambulante als auch stationäre Studien sowie Reviews aus verschiedenen Ländern als wissenschaftliche Grundlage. Die Studienanalyse ergibt, dass durch den Einsatz monetärer Anreize eine durchschnittliche Qualitätsverbesserung von 5% ersichtlich ist, die jedoch abhängig von der Anreiz- und Messgrößenausgestaltung bezüglich ihrer Höhe schwankt. Auch eine Reduktion der Ungleichbehandlung bestimmter Patientengruppen ist mit Ausnahme der weiterhin unterschiedlichen Behandlung von Mann und Frau durch den Einsatz der qualitätsorientierten Vergütung zu verzeichnen. Bezüglich der Messgröße ist zu sagen, dass Prozessindikatoren im Gegensatz zu Outcomemessgrößen zu besseren Ergebnissen führen. Um eine Patientenselektion zu mindern, sollte bei der Implementierung neuer P4P-Programme eine Risikoanpassung der Messgrößen erfolgen. Auch sollte den Leistungserbringern die Möglichkeit des Exception Reporting gegeben werden, d. h. der begründete Ausschluss von Patienten mit besonders aufwendigem Behandlungsverlauf. In den Studien ist zu beobachten, dass Leistungsanbieter, die vor Einführung des P4P-Programms eher schlechtere Leistung erbrachten, größere Verbesserungen erzielen als Leistungsanbieter mit bereits hohem Leistungsstandard. Als Grund hierfür kann der größere Spielraum für Verbesserungen bei bisher Leistungsschwachen genannt werden. Da die Teilnahme an P4P-Projekten meist freiwillig ist, führt dieser Aspekt meist schon im Vorfeld zu einer Selbstselektion von leistungsstarken Ärzten, was auch als Ceiling Effect bezeichnet wird. In Bezug auf die Anreizquelle zeigen die Autoren, dass eine Finanzierung der

[187] Vgl. Town, R. u.a. (2005), S. 234-240.

Programme aus einer neuen Quelle höhere Verbesserungsraten erzielt als die Umverteilung von Geldern. Eine Neubeschaffung von Geldern ist jedoch ohne entsprechende Sponsoren aufgrund der angespannten Kostensituation im Gesundheitswesen nicht durchsetzbar. Zusammenfassend lässt sich sagen, dass je nach Umweltbedingungen und der Ausgestaltung von Messgrößen und Anreizen die Effekte der P4P-Programme schwanken. Daher ist es schwer, eine allgemeingültige Aussage zu treffen. Jedoch lassen sich aus dem Review folgende sechs Empfehlungen für die Ausgestaltung zukünftiger Programme in diesem Bereich ableiten:[188]

- Auswahl und Definition der Ziele mit Spielraum für Verbesserung
- Verwendung von sowohl Prozess- als auch Ergebnisindikatoren
- Stakeholder bei der Implementierung integrieren und Ärzte bezüglich der Ausgestaltung der Programme informieren
- Einheitliche Programmausgestaltung der Zahler
- Sowohl Qualitätsverbesserung als auch das Erreichen absoluter Ziele belohnen
- Abwägung, ob Ausrichtung der Anreize auf individueller oder Gruppenebene sinnvoller. Auch eine Kombination der Methoden ist möglich

Auf Basis der aus den eingeschlossenen Übersichtsarbeiten gewonnenen Daten und Implikationen wird im folgenden Verlauf ein Leitfaden entwickelt, der auf die wichtigsten Fragen der Ausgestaltung detaillierter eingeht.

[188] Vgl. Van Herck, P. u.a. (2010), S. 1-42.

4. Leitfaden für die Implementierung zukünftiger P4P-Programme

Bei der Implementierung und Ausgestaltung eines neuen deutschen P4P-Programms gibt es eine Vielzahl an Aspekten zu berücksichtigen, um die Wahrscheinlichkeit für positive Ergebnisse zu steigern. Abbildung 19 gibt einen Überblick über den Prozess solch eines Neuaufbaus. Dieser reicht von der Planung und Ausgestaltung der Komponenten über die Implementierung bis hin zu einer fortlaufenden Anpassung der Komponenten an wechselnde Umweltbedingungen.

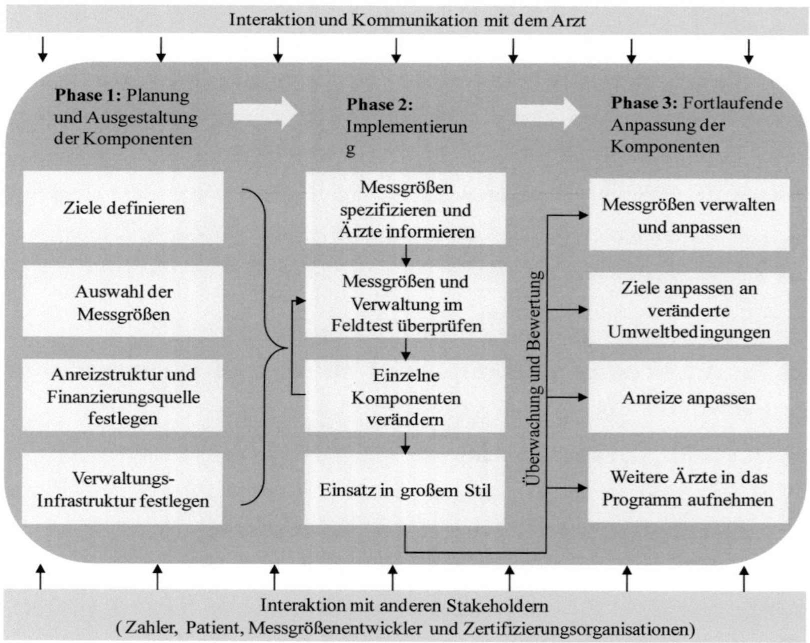

Abbildung 20: Implementierungsprozess eines P4P-Programms[189]

[189] Quelle: Eigene Darstellung in Anlehnung an Sorbero, M. E. u.a. (2006), S. 19.

Es gibt keine einzig richtige und beste Lösung für die Modifikation der einzelnen Komponenten.[190] Eine Anpassung an die jeweiligen Umweltbedingungen ist vonnöten. Dennoch können zentrale Erkenntnisse und Hinweise aus bereits durchgeführten Studien im Bereich P4P als Anhaltspunkte herangezogen werden (siehe 4.1-4.8). Zunächst wird nun näher auf die Ausgestaltung der Anreize eingegangen.

4.1 Was gilt es bei der Anreizgestaltung zu berücksichtigen?

Die Anreizgestaltung ist ein entscheidender Aspekt bei der Implementierung von Projekten im Bereich der qualitätsorientierten Vergütung, da Leistungserbringer aufgrund des oft hohen Zeitdrucks meist nicht freiwillig zu einer Verhaltensänderung bewegt werden können. Eine angebrachte Honorierung ist nötig. Dabei gilt es neben der Empfängerebene, auch die richtige Anreizhöhe, die Bemessungsgrundlage, die Dauer der Anreizgewährung, die mögliche Integration einer Strafzahlung sowie die Anreizquelle festzulegen und abzuwägen (siehe Kapitel 4.1.1-4.1.6). Zunächst sollte geklärt werden, an welche Personen bzw. Gruppen der Anreiz gerichtet werden sollte.

4.1.1 Auf welche Empfängerebene sollte der Anreiz ausgerichtet sein?

Die Zahlung des Anreizes kann entweder individuell an den Leistungserbringer oder auf Gruppenebene an Arztgruppen, das Krankenhaus, Pflegeheime oder auch an Organisationen wie Health Plans gerichtet werden. Zudem wird P4P, wie im Falle der erfolgsorientierten Vergütung von Arzneimitteln, auch im Bereich der Kostenträger oder auf Patientenebene z. B. zur Compliance-Steigerung bei der Raucherentwöhnung eingesetzt.

Bei der individuellen Entlohnung richtet sich die Bonuszahlung nach der Leistung des jeweiligen Arztes. Je nachdem, ob dieser die im Vorhinein festgelegten Quali-

---

[190] Vgl. Achat, H. u.a. (1999), S. 287; Custers, T. u.a. (2008), S. 12.

tätswerte erreicht, erhält er eine zusätzliche Vergütung. Erfolgt die Zahlung auf Gruppenebene, so wird die gesamte Leistung der Arztgruppe, des Krankenhauses, des Pflegeheims oder der Organisation als Maßstab für eine Belohnung herangezogen. Bei dem Einsatz von P4P im Arzneimittelbereich werden individuelle Verträge zwischen den Pharmahersteller und den Zahlern, wie z. B. der Krankenkasse geschlossen. Hierbei verpflichtet sich der Hersteller des Medikaments zu Rückzahlungen oder Rabatten, wenn nach Einnahme des Medikaments durch den Patient in einer bestimmten Zeitspanne die vorher festgelegten Zielwerte nicht erreicht werden. Es ist schwer, Aussagen zur Effektivität von P4P-Programmen im Arzneimittelsektor zu treffen, da die Verträge meist intern zwischen den Verhandlungspartnern geschlossen werden und die Ergebnisse nur in den seltensten Fällen veröffentlicht werden.[191] Daher wird in dieser Arbeit auf diese Spezifikation nicht ausführlich eingegangen. Der Patientenentlohnung widmet sich Kapitel 4.8.

Sowohl die Entlohnung auf individueller, als auch Gruppenebene bringt eine Reihe von Vor- und Nachteile mit sich. So ist der Arzt bei der individuellen Vergütung nicht von der Leistung der Gruppenmitglieder abhängig und daher selbst für die Erreichung der für die Bonuszahlung notwendigen Zielwerte verantwortlich. Jedoch sind Veränderungen auf Institutsebene einfacher durchzusetzen als auf individueller Basis und bei einer Gruppenentlohnung steht eine größere Patientenbasis als Bemessungsgrundlage zur Verfügung. Viele kleine Arztpraxen haben keine ausreichende Anzahl an Patienten mit einem spezifischen medizinischen Problem, wie z. B. Diabetes, um die erbrachte Leistung mit ausreichend Messdaten und ohne Verzerrungen zu erfassen. Bereits einzelne Patienten mit besonders schwerwiegender Erkrankung können den Leistungsschnitt stark senken.[192] Die Risikoadjustierung der Messgrößen oder die Möglichkeit zum Exception Reporting können dieses Problem mindern.[193] Auf diese Methodiken wird in Kapitel 4.4 näher eingegangen. Laut dem Review von *Armour* und *Pitts* stellen sich Anreize,

---

[191] Vgl. Carlson, J. J. u.a. (2010), S. 179-190; Mason, A. (2008), S. 1-10.
[192] Vgl. Van Herck, P. u.a. (2010), S. 21-23.
[193] Vgl. Khunti, K. u.a. (2007), S. 1440.

die direkt auf individueller Ebene ausgerichtet sind gegenüber Gruppenanreizen als effektiver heraus.[194]

Erfolgt die Zahlung auf Gruppenebene, so können eine Vielzahl an Indikatoren abgedeckt werden. Zudem wird Wettbewerbsdruck unter den Ärzten aufgebaut, da die individuelle Leistung sich auf das Gesamtergebnis auswirkt. Es ist wichtig, dass der Bonus auch an die Ärzte, das Pflegepersonal und andere an der Versorgung des Patienten beteiligten Personen weitergegeben wird, die ihren Beitrag zur Qualitätsverbesserung geleistet haben, um langfristige Erfolge zu erzielen.[195] Erhalten z. B. einzelne Personengruppen trotz gleichem Beitrag zum Behandlungsergebnis einen kleineren Anteil an der Bonuszahlung als andere Kollegen, so fühlen sie sich ungerecht behandelt und kehren wieder zum ursprünglichen Verhalten zurück, was negative Auswirkungen auf die Behandlungsqualität hat. Eine weitere negative Konsequenz der Gruppenentlohnung kann sein, dass obwohl ein Arzt überdurchschnittlich qualitativ hochwertige Leistung erbracht hat, dafür nicht dementsprechend belohnt wird, wenn die anderen teilnehmenden Ärzte den Gruppenschnitt senken.[196]

Laut *Fung* und Kollegen stellt sich die Zahlung an Gruppen am Sinnvollsten heraus. Auch die Studien von *Kane* und Kollegen sowie von *Paul-Ebhohimhem* und *Avenell* befassen sich mit diesem Thema und kommen zu dem gleichen Ergebnis, dass Anreize, die auf Gruppenebene gezahlt werden, effektiver als Zahlungen an individuelle Leistungserbringer sind.[197] *Van Herck* und Kollegen hingegen sind der Meinung, dass keine allgemeine Aussage getroffen werden kann, ob der Anreiz auf individueller oder Gruppenebene erfolgen sollte, da für beide Varianten gemischte Ergebnisse vorliegen.[198]

---

[194] Vgl. Armour, B. S., Pitts, M. M. (2003), S. 143.
[195] Vgl. Christianson, J. B. u.a. (2008), S. 9.
[196] Vgl. Christianson, J. B. u.a. (2007), S. 19.
[197] Vgl. Kane, R. u.a. (2004), S. 4; Paul-Ebhohimhen, V., Avenell, A. (2008), S. 355.
[198] Vgl. Van Herck, P. u.a. (2010), S. 21.

Inwieweit P4P zu einer Steigerung der Versorgungsqualität beiträgt, hängt nicht nur davon ab, ob der Anreiz auf individueller oder Gruppenebene gezahlt wird, sondern auch in welchem Sektor P4P eingesetzt wird.

Im ambulanten Bereich finden sich in den Studien zahlreiche positive Ergebnisse durch den Einsatz der qualitätsorientierten Vergütung. So kommt es laut dem Review von *Giuffrida* und Kollegen durch P4P zu einer Steigerung der Impfrate in Praxen, auch wenn diese statistisch nicht signifikant ist.[199] Das britische P4P-Programm QOF ist ebenfalls auf den ambulanten Bereich ausgerichtet. Laut *Khunti* und Kollegen, die Messgrößen vor und nach Einführung dieses Projekts untersuchen, kommt es durch den Einsatz von Bonuszahlungen zu signifikanten Steigerungsraten von sowohl Prozess- als auch Outcomeindikatoren. So stieg z. B. die Behandlungsqualität für Blutdruck-, Cholesterin- und HbA1c-Messgrößen.[200]

Mit dem Einsatz von P4P im Krankenhaussektor beschäftigt sich eine Reihe von Übersichtsarbeiten.[201] Hier liegen gemischte Ergebnisse vor. Positive Auswirkungen zeigten sich z. B. in dem Review von *Mehrota* und Kollegen. Bei allen drei untersuchten Programmen werden Verbesserungen der Versorgungsqualität um 2-4% im Vergleich zu den Kontrollgruppen berichtet.[202] In dem Review von *Frolich* und Kollegen zeigt hingegen das Programm mit dem höchsten Anreiz negative Auswirkungen auf die Behandlungsqualität.[203] Auch *Dudley* und Kollegen sprechen von sowohl positiven als auch negativen Konsequenzen durch den Einsatz von P4P.[204]

Bezüglich der Effektivität von P4P ausgerichtet auf Organisationen wird in den eingeschlossenen Reviews keine klare Aussage getroffen. In dem Review von *Eldridge* und *Palmer* erfolgt z. B. die Verteilung von Spenden für Niedrigein-

[199] Vgl. Giuffrida, A. u.a. (2000), S. 1-12
[200] Vgl. Khunti, K. u.a. (2007), S. 1436-1441.
[201] Vgl. De Vos, M. u.a. (2009), S. 119-129; Fung, V. u.a. (2010), S. 140-148; Mehrotra, A. u.a. (2009), S. 18-28.
[202] Vgl. Mehrotra, A. u.a. (2009), S. 21.
[203] Vgl. Frolich, A. u.a. (2007), S. 186.
[204] Vgl. Dudley, R. A. u.a. (2004), S. 5.

kommensländer nach der Anzahl der in der jeweiligen Organisation erreichten Leistungsziele, wie das Erreichen festgesetzter Impfraten. Es werden jedoch gemischte Ergebnisse bezüglich der Qualitätssteigerungsraten berichtet und der Trendeinfluss erschwert eine isolierte Bewertung.[205] Laut *Fung* und Kollegen sollte die Bonuszahlung nicht auf diese Empfängerebene ausgerichtet werden, da hier die größten Leistungsqualitätsabweichungen innerhalb der Gruppe auftreten.[206]

Mit dem Einsatz von P4P im Pflegeheim beschäftigte sich die Übersichtsarbeit von *Briesacher* und Kollegen. Dabei kamen sie zu dem Ergebnis, dass eine steigende Tendenz von P4P-Programmen im Pflegebereich zu erkennen ist. Es werden jedoch nur geringe Beweise dafür gefunden, dass P4P die Versorgungsqualität und die Effizienz in Altersheimen verbessert. In diesem Sektor ist noch Forschungsbedarf vorhanden.[207]

An einem Behandlungsprozess ist eine Vielzahl an Personen beteiligt. Bereits im ambulanten Bereich werden Patienten mit schwerwiegenden Erkrankungen meist von mehreren Spezialisten untersucht. Kommt es anschließend zu einer stationären Einlieferung oder Überweisung, so hat der Patient auch dort Kontakt mit Ärzten und Pfelgekräften verschiedener Abteilungen. Rehabilitations- und Pflegemaßnahmen können noch nachgeschaltet sein. Um ein größtmögliche Qualitätsverbesserung zu bewirken, sollten alle an der Versorgung beteiligten Personen belohnt werden.[208] Jedoch fehlt es hierzu meist an ausreichenden finanziellen Mitteln und ist je nach Ziel der Qualitätsverbesserung auch nicht in jedem Fall notwendig. Das jeweilige Kosten-Nutzen-Verhältnis sollte abgewogen werden.

Im Anschluss an die Entscheidung bezüglich der Empfängerebene sollte man sich mit der Frage auseinandersetzen, auf welcher Grundlage die Verteilung der Anreize erfolgt.

---

[205] Vgl. Eldridge, C., Palmer, N. (2009), S. 161-163.
[206] Vgl. Fung, V. u.a. (2010), S. 142.
[207] Vgl. Briesacher, B. A. u.a. (2009), S. 1-16.
[208] Vgl. Greene, S. E., Nash, D. B. (2009), S. 163.

4.1.2 Auf welcher Bemessungsgrundlage sollte die Verteilung der Bonuszahlungen erfolgen?

Um die Bonuszahlungen auch gezielt an diejenigen Leistungserbringer zu verteilen, welche einen erheblichen Beitrag zur Qualitätsverbesserung geleistet haben, unterscheidet man drei Alternativstrategien. Die Bonuszahlung kann entweder an absolute Top-Performer, an relative Delta-Performer oder auch an relative Top-Performer gerichtet werden.

Ist der Anreiz, wie bereits in Kapitel 4.1.2 besprochen, abhängig vom Erreichen eines vorher festgelegten Schwellenwerts, so profitieren nur die absoluten Top-Performer von einer zusätzlichen Zahlung.[209] Zum Beispiel erhält der Leistungserbringer oder die Arztgruppe eine Bonuszahlung, wenn eine Impfrate von mindestens 90% aller in der Praxis eingeschriebenen Kinder erzielt wird.[210] Bei der zweiten Alternative, also der Belohnung der relativen Delta-Performer, wird hingegen die Leistungsverbesserung im Vergleich zu Vorjahres- oder Vergangenheitswerten als Bemessungsgrundlage herangezogen.[211] Bei der dritten Variante, der Belohnung von relativen Top-Performern, wird ein Leistungsranking der möglichen Empfänger erstellt. Die Anreizzahlung erfolgt dabei in Abhängigkeit von den Leistungen anderer Krankenhäuser oder Praxen. Nur z. B. die besten 10% der Krankenhäuser erhalten einen Bonus, die Restlichen erhalten keine Zahlung.[212]

Werden absolute Top-Performer belohnt, so sind die Ärzte bemüht und motiviert ihre Qualität zu steigern, um den Mindestwert, der für die Bonuszahlung nötig ist, zu erreichen. Leistungserbringer, die schon auf hohem Leistungsniveau praktizieren, haben jedoch nach Erreichen der absoluten Schwellenwerte keinen Anreiz mehr die Qualität weiter zu verbessern, da keine zusätzliche Entlohnung erfolgt.

---

[209] Vgl. Christianson, J. B. u.a. (2008), S. 31.
[210] Vgl. Achat, H. u.a. (1999), S. 285.
[211] Vgl. Rosenthal, M. B. u.a. (2004), S. 143.
[212] Vgl. Van Herck, P. u.a. (2010), S. 21-23.

Ärzte mit bisher niedrigem Niveau werden andererseits entmutigt, wenn die Ziele außerhalb ihrer Reichweite liegen.[213]

Die Belohnung der relativen Delta-Performer bietet hingegen auch Ärzten mit bislang geringer Leistung die Möglichkeit eine Bonuszahlung für die gesteigerte Behandlungsqualität zu erhalten, auch wenn diese den Schwellenwert nicht erreichen. Jedoch werden bereits leistungsstarke Ärzte durch dieses System benachteiligt, da sie durch ihr bereits hohes Leistungsniveau einen geringen Spielraum für weitere Verbesserungen haben. Dies wird auch als Ceiling Effect bezeichnet.[214]

Auch die wettbewerbsmäßig ausgerichtete Variante, bei der die relativen Top-Perfomer belohnt werden, bringt Vor- und Nachteile mit sich. Vorteilhaft ist diese Methodik für die Zahler der Boni, da im Vorhinein eine feste Auszahlsumme festgelegt werden kann, die auf die Besten verteilt wird. Bei einer nicht-wettbewerbsmäßig ausgerichteten Bemessungsgrundlage entscheidet sich erst zum Zahlungszeitpunkt, wie viele Leistungserbringer für eine Bonuszahlung in Frage kommen. Desweiteren beruhen die Werte nicht auf veralteten Benchmarks und spiegeln den aktuellen wissenschaftlichen Stand wieder.[215] Aber auch die wettbewerbsmäßige Variante beinhaltet negative Aspekte. Zum Beispiel wirkt diese Vergütung demotivierend für Leistungserbringer oder Krankenhäuser, die sich im Vorhinein schon bewusst sind, dass sie nicht unter die Besten kommen können.

Laut den Reviews von *Rosenthal* und Kollegen, von *Shi* und von *Van Herck* und Kollegen ist eine Kombination der unterschiedlichen Bemessungsgrundlagen am Sinnvollsten. Leistungserbringer, die bisher auf eher niedrigem Leistungsniveau praktizierten, werden dadurch genauso angesprochen wie die bisher Besten.[216]

Die Gestaltungsmöglichkeiten der Bemessungsgrundlage sollten auf Basis der finanziellen Möglichkeiten gut durchdacht werden, bevor mit dem nächsten

[213] Vgl. Shi, Y. (2008), S. 13-14.
[214] Vgl. Shi, Y. (2008), S. 13-14.
[215] Vgl. Christianson, J. B. u.a. (2008), S. 31.
[216] Vgl. Rosenthal, M. B. u.a. (2004), S. 138; Shi, Y. (2008), S. 14; Van Herck, P. u.a. (2010), S. 21.

Schritt, nämlich der Entscheidung, ob auch Strafen eingeführt werden, begonnen wird.

4.1.3 Bonuszahlung oder Strafe?

Zunächst wird auf die Bonuszahlung eingegangen. Der finanzielle Anreiz für eine qualitativ hochwertige Arbeit kann als zusätzlicher Bonus in Form eines absoluten Geldbetrags zumeist am Ende eines Jahres bzw. Quartals oder auch als zusätzlicher Prozentsatz der derzeitigen Vergütung gezahlt werden.[217] Spezifikationen hiervon sind z. B., dass der Leistungserbringer eine Bonuszahlung von bestimmter Höhe im Voraus erhält und je nach Erreichen der Leistungsziele dieser Betrag prozentual zurückgezahlt werden muss. Dies wurde z. B. in einer Notfallabteilung in Bezug auf Wartezeiten durchgeführt.[218]

Eine andere Möglichkeit der Verhaltensbeeinflussung ist die Einbehaltung eines Teils der normalen Vergütung oder das Verhängen einer Strafzahlung. Umgekehrt zu den im vorherigen Unterkapitel genannten Bemessungsvarianten, können Strafen sowohl für das Nichterreichen von relativen oder absoluten Zielwerten als auch wettbewerbsmäßig, z. B. für die schlechtesten 10% eines Rankings, eingeführt werden.[219] Diese Variante hat zusätzliche Einnahmen auf Seiten der Zahlerebene zur Folge. Zudem haben Verluste nach der Prospect Theory eine tiefgreifendere Wirkung als gleichwertige Gewinne, was für Strafen als effektiveres Instrument spricht. Bei Bonuszahlungen stellt sich der Arzt nicht schlechter, wenn er sein Verhalten nicht ändert, während ihm bei Strafen oder der Einbehaltung finanzielle Mittel entgehen, die durch Veränderungen in anderen Bereichen wieder erwirtschaftet werden müssen.[220]

Laut den Autoren *Greene* und *Nash* sollten Strafen derzeit noch nicht eingeführt werden, da hierdurch Abneigung, Pessimismus und eine negative Einstellung ge-

---

[217] Vgl. Christianson, J. B. u.a. (2008), S. 19.
[218] Vgl. Christianson, J. B. u.a. (2008), S. 21.
[219] Vgl. Christianson, J. B. u.a. (2008), S. 31.
[220] Vgl. Custers, T. u.a. (2008), S. 6.

genüber P4P-Programmen bei den Ärzten hervorrufen werden.[221] Um diesem Problem Rechnung zu tragen, ist es sinnvoll, in den ersten beiden Jahren nach der Implementierung eines neuen P4P-Programms keine Strafen zu verhängen und erst im dritten Jahr Strafzahlungen für Leistungen einzuführen, deren Wert 10% unter den Basiswert sinkt.[222] Dadurch haben die Leistungserbringer genug Zeit, sich auf diese Situation einzustellen. Sollte man sich für eine Bonuszahlung entschieden haben, so gilt es im Folgenden eine angepasste Anreizhöhe zu bestimmen.

4.1.4 Gibt es eine optimale Anreizhöhe?

Grundsätzlich wird zwar davon ausgegangen, dass Ärzte aufgrund ihrer intrinsischen Motivation versuchen, ein „guter Doktor"[223] zu sein und bestmögliche Leistung zu erbringen, jedoch sind die Leistungserbringer auch darin interessiert, ihr monatliches Einkommen zu maximieren. Monetäre Anreize überwiegen meist die intrinsische Motivation und können den Arzt zu einer Verhaltensänderung bewegen, die ohne Bonuszahlung wahrscheinlich nicht erfolgt wäre.[224]

Über die optimale Höhe des Anreizes gibt es bisher noch keine eindeutige Meinung. Grundsätzlich liegt die Annahme nahe, dass die Höhe des versprochenen finanziellen Bonus positiv mit dem Grad der Qualitätsverbesserung korreliert. Dies trifft jedoch nicht in allen Situationen zu.[225] Eine allgemeine Aussage, welche Bonushöhe die höchste Qualitätssteigerung bewirkt, ist schwierig zu tätigen, da sowohl bei geringer als auch bei hoher Anreizhöhe positive und negative Ergebnisse in den Studien zu finden sind.[226] In den untersuchten Reviews reicht die Bonushöhe je nach Diagnoseform und Empfänger von 0,80 Dollar pro Spritze bei Impfungen bis in die Tausenderbereiche z. B. für Kliniken.[227] Hohe Anreize sind

---

[221] Vgl. Greene, S. E., Nash, D. B. (2009), S. 163.
[222] Vgl. Custers, T. u.a. (2008), S. 6.
[223] Petersen, L. A. u.a. (2006), S. 270.
[224] Vgl. Petersen, L. A. u.a. (2006), S. 270.
[225] Vgl. Armour, B. S. u.a. (2001), S. 1264.
[226] Vgl. Armour, B. S. u.a. (2001), S. 1264; Christianson, J. B. u.a. (2007), S. 20.
[227] Vgl. Rosenthal, M. B., Frank, R. G. (2006), S. 141-145.

derzeit jedoch noch eine Ausnahme. Aktuell werden noch relativ geringe Bonuszahlungen von etwa 1-2% des Einkommens in Amerika eingesetzt.[228] Diese sind oftmals zu niedrig, um eine Verhaltensänderung beim Arzt herbeizuführen. In Großbritannien hingegen ist bereits ein Drittel des ambulanten Arzteinkommens von P4P abhängig.[229]

Laut *Briesacher* und Kollegen müssen die Anreize mindestens so groß sein, dass die mit der verbesserten Behandlung verbundenen Kosten sowie die Implementierungskosten des Programms gedeckt sind, um eine Veränderung des Behandlungsprozesses zu bewirken.[230] Es macht für den Arzt aus finanzieller Sicht keinen Sinn in Umstrukturierungen zu investieren, um eine Qualitätsverbesserung zu erreichen, wenn diese Kosten nicht durch zusätzliche Einnahmen gedeckt sind.[231] Sind die Zahlungen zu gering, kann dies negative Effekte auf die Qualität zur Folge haben, da besser bezahlte Aktivitäten bevorzugt werden.[232] In den Reviews von *Petersen* und Kollegen sowie von *Sorbero* und Kollegen wird darauf hingewiesen, dass der Anreiz mindestens 5% der Praxiseinnahmen betragen sollte.[233]

Ein entscheidender Punkt für die Auswahl der Anreizhöhe sind die für das P4P-Programm zur Verfügung stehenden finanziellen Mittel. Mit diesem Aspekt beschäftigt sich der nächste Unterpunkt.

4.1.5 Wie finanziert sich der Anreiz?

Die Finanzierung der Bonuszahlungen ist ein zentraler Aspekt bei der Neuimplementierung eines P4P-Programms. Zu Beginn des Projekts fallen neben den Einrichtungskosten hohe Ausgaben für die Anreizzahlungen an. Hinzu kommen die Aufwendungen für die Datenanalyse und die Verwaltung des Belohnungssystems.

---

[228] Vgl. Van Herck, P. u.a. (2010), S. 21-23.
[229] Vgl. Khanduja, K. u.a. (2009), S. 855.
[230] Vgl. Briesacher, B. A. u.a. (2009), S. 4; Christianson, J. B. u.a. (2007), S. 12.
[231] Vgl. Christianson, J. B. u.a. (2008), S. 10.
[232] Vgl. Briesacher, B. A. u.a. (2009), S. 2.
[233] Vgl. Petersen, L. A. u.a. (2006), S. 267-268; Sorbero, M. E. u.a. (2006), S. 29.

Einsparungen, die durch erhöhte Behandlungsqualität verursacht werden, entstehen erst in den Folgejahren.[234]

Bei den Sponsoren der P4P-Programme lassen sich privatwirtschaftliche Arbeitgeber, Krankenkassen oder öffentlichen Einrichtungen unterscheiden.[235] Das Geld, das den Leistungserbringern für ihre erhöhte Qualitätsleistung ausgezahlt wird, kann auf zwei Arten zur Verfügung gestellt werden. Entweder es werden neue Gelder dafür verwendet oder bereits vorhandene Fonds werden umgeschichtet.[236] Der Umverteilung von Geldern stehen Krankenhäuser, Ärzte oder Gesundheitsanbieter eher negativ gegenüber, da sie es als ein Versuch sehen, die ursprüngliche Vergütung indirekt zu mindern.[237]

Laut *Van Herck* und Kollegen können durch eine Finanzierung der Programme aus einer neuen Quelle höhere Verbesserungsraten als durch die Umverteilung von Geldern erzielt werden. Jedoch müssen langfristig entsprechende Sponsoren gefunden werden.[238] Nach *Christianson* und Kollegen ist eine Beschaffung von neuen Geldern auf lange Frist nicht durchführbar. Es entstehen Kosten, die bei der angespannten finanziellen Lage des deutschen Gesundheitssystems schwer zu tragen sind. Je nach Höhe der notwendigen Gelder und den potentiellen Einsparungen durch P4P müssen Alternativen individuell abgewogen werden.[239]

In einem nächsten Schritt sollte man sich überlegen, wie lange und in welchem Intervall die Auszahlung von Boni oder die Durchsetzung von Strafen erfolgen sollte.

4.1.6 Wie lange und wann sollte der Anreiz gewährt werden?

Die Dauer der Anreizgewährung spielt eine entscheidende Rolle bei der Ausgestaltung eines P4P-Programms. In den Studien wird berichtet, dass es häufig nach

[234] Vgl. Christianson, J. B. u.a. (2007), S. 8.
[235] Vgl. Christianson, J. B. u.a. (2007), S. 20; Christianson, J. B. u.a. (2008), S. 6.
[236] Vgl. Christianson, J. B. u.a. (2007), S. 20; McNamara, P. (2005), S. 359; Sorbero, M. E. u.a. (2006), S. 42.
[237] Vgl. Christianson, J. B. u.a. (2007), S. 20.
[238] Vgl. Van Herck, P. u.a. (2010), S. 6.
[239] Vgl. Christianson, J. B. u.a. (2007), S. 20.

Beendigung des Programms und dem draus folgenden Absetzen der Bonuszahlung zu einem Rückfall der Behandlungsqualität auf das Ausgangsniveau vor Einführung des P4P-Programms kommt.[240] Um eine langfristige Verhaltensänderung bei den Leistungserbringern zu bewirken, sollte daher eine angemessene Projektlaufzeit gewählt werden.

Die Anreizgewährungsdauer aktueller Programme ist laut *Sorbero* und Kollegen aufgrund begrenzter Gelder derzeit noch zu kurz und führt daher nicht zu den bestmöglichen Qualitätssteigerungsraten. Für Leistungserbringer kostet es Zeit, sich des Programms bewusst zu werden, die Anreizstruktur zu verstehen, das Programm zu akzeptieren, eine Verbesserungsstrategie zu entwickeln und letztendlich das Verhalten dementsprechend zu ändern.[241]

Eine Aussage zu einer optimalen Dauer der Anreizgewährung wird in den eingeschlossenen Reviews nicht gegeben. Diese hängt z. B. von Faktoren wie den zur Verfügung stehenden Geldern, der Anzahl der Zahlungsempfänger als auch dem Indikatorenbereich ab. Zudem spielen Arztcharakteristika eine entscheidende Rolle. Auf diese wird in Kapitel 4.7 genauer eingegangen.

Die Wahl des richtigen Zeitpunkts für die Gewährung des Anreizes ist ebenfalls von entscheidender Bedeutung. Laut *Petersen* und Kollegen sollte die Bonuszahlung umgehend nach Messung der Leistungssteigerung erfolgen. Dadurch wird die größte Effektivität erzielt. Erfolgt die Zahlung z. B. erst am Jahresende, sind sich die Ärzte oft des Grundes für die Bonuszahlung nicht mehr bewusst, was die Etablierung einer langfristigen Verhaltensänderung erschwert.[242]

Bezüglich der Anreizgestaltung von P4P-Programmen lässt sich zusammenfassend sagen, dass Anreize einfach, transparent und direkt gestaltet sein sollten.[243] Laut *Van Herck* und Kollegen stellt es sich als angebracht heraus, Leistungser-

---

[240] Vgl. Bosch-Capblanch, X. u.a. (2007), S. 27; Cahill, K., Perera, R. (2008), S. 6.
[241] Vgl. Sorbero, M. E. u.a. (2006), S. 29.
[242] Vgl. Petersen, L. A. u.a. (2006), S. 267-269.
[243] Vgl. Chaix-Couturier, C. u.a. (2000), S. 139.

bringer direkt bei der Entwicklung, Implementierung und Anpassung der Anreize einzubeziehen, da diese über entsprechende Praxiserfahrung verfügen und Schwachstellen der Ausgestaltung vorzeitig erkennen können.[244]

Um die Ärzte entsprechend ihrer Leistung zu bezahlen, ist es zudem erforderlich, Bereiche mit geeigneten Messgrößen für P4P zu identifizieren.

4.2 In welcher Versorgungsart und anhand welcher Messgrößen sollte die Leistungsmessung erfolgen?

In diesem Leitfadenpunkt geht es um die Frage, in welchen Diagnosenbereichen der Einsatz von P4P am Sinnvollsten ist und welche Indikatoren zur Leistungsbestimmung zur Verfügung stehen (siehe 4.2.1-4.2.2). Zunächst gilt es die Art der Versorgung festzulegen.

4.2.1 In welcher Versorgungsart sollte P4P eingesetzt werden?

Bei der Versorgungsart unterscheidet man vier mögliche Teilbereiche, nämlich den chronischen, den akuten und den präventiven Sektor sowie den Bereich der Rehabilitation. Wie bereits in Kapitel 2.1.5 aufgezeigt, weisen diese die in Tabelle 12 dargestellten Eigenschaften auf.

Versorgungsart	Beschreibung	Beispiele
Präventiv	Gesundheitsvorsorge zur Vermeidung der Erkrankung	Impfung Screening
Akut	Erkrankung kann schnell zum Ausbruch kommen und ist meist relativ kurzweilig	Grippeerkrankung
Chronisch	Lang andauernde und wiederkehrende Erkrankung, bei der keine vollständige Genesung zu erwarten ist	Asthma Demenz
Rehabilitation	Maßnahmen zur Versorgung und Wiederherstellung von Körperfunktionen oder zur Kompensation des Verlustes einer Körperfunktion	Krankengymnastik Diabetesberatung

Tabelle 13: Versorgungsarten mit Eigenschaften und Beispiel[245]

[244] Vgl. Van Herck, P. u.a. (2010), S. 21-23.

Chronische Krankheiten bieten sich für die Integration in P4P-Programmen an, da durch den nahezu lebenslang notwendigen Behandlungsprozess eine langfristige Betrachtung der Qualitätsveränderung ermöglicht wird.[246] So sanken z. B. laut dem Review von *Glickman* und Kollegen die Behandlungsunterschiede zwischen sozioökonomischen Gruppen in Bezug auf chronische Krankheiten durch die Einführung eines P4P-Programms.[247] Auch *Shi* untersuchte britische und amerikanische Studien auf die Auswirkungen von P4P in diesem Bereich. Positive Effekte zeigten sich durch den Einsatz finanzieller Anreize.[248] Jedoch wurde von einer steigenden Ungleichbehandlung bestimmter Patientengruppen berichtet.[249] Auf diesen Aspekt wird in 4.4 genauer eingegangen.

Bei der Analyse der eingeschlossenen Reviews ist zu erkennen, dass primär präventive Maßnahmen bei der qualitätsorientierten Vergütung als Bemessungsgrundlage herangezogen werden. Bei vorbeugenden Impfungs- und Screeningmaßnahmen kann die Leistung sehr gut gemessen werden und mit bereits geringen Anreizen sind große Qualitätssteigerungen möglich. So beschäftigten sich z. B. *Achat* und Kollegen mit dem Einsatz von auf Leistungserbringer und Patienten ausgerichteten finanziellen Anreizen zur Steigerung der Kinderimpfrate. In allen Fällen kam es zu einer Verbesserung der Impfrate, obwohl teilweise nur 0,80 Dollar pro verabreichter Spritze an die Ärzte gezahlt wurde.[250] Auch laut *Stone* und Kollegen sind finanzielle Anreize ein geeignetes Mittel zur Effektivitätssteigerung im Bereich der Prävention.[251] Vereinzelt zeigte die qualitätsorientierte Vergütung nicht die gewünschte Wirkung, wie z. B. im Bereich des Krebs-

[245] Quelle: Eigene Darstellung in Anlehnung an Arnold, M. u.a. (2000), S. 67-68; Becker, T. u.a. (2007), S. 3; Kane, R. u.a. (2004), S. 1.
[246] Vgl. Glickman, S. W. u.a. (2008), S. 622.
[247] Vgl. Alshamsan, R. u.a. (2010b), S. 179-180.
[248] Vgl. Shi, Y. (2008), S. 9.
[249] Vgl. Alshamsan, R. u.a. (2010b), S. 178-184.
[250] Vgl. Achat, H. u.a. (1999), S. 285-286.
[251] Vgl. Stone, E. G. u.a. (2002), S. 646.

screenings. Die teilweise noch zu geringe Anreizhöhe kann als Grund hierfür genannt werden.[252]

Indikatoren im Akutbereich unterscheiden sich von den Messgrößen aus anderen Bereichen, da oft zeitkritische und lebensgefährliche Situationen vorliegen.[253] So beschäftigen sich *Glickman* und Kollegen, *Baker* sowie *Khanduja* und Kollegen mit diesem Thema. Nur in dem Review von *Khanduja* wird eine Aussage zur Effektivität von P4P in diesem Sektor gemacht. Demnach ist im Intensivbereich ein kleiner Trend hin zu einer verbesserten Versorgung durch den Einsatz von finanziellen Anreizen zu erkennen.[254]

Im Bereich der Rehabilitation hat sich P4P noch nicht weitgehend etabliert. Keine der eingeschlossenen Übersichtsarbeiten behandelt dieses Thema.

Aus den eingeschlossenen Übersichtsarbeiten lässt sich folgern, dass P4P im chronischen und präventiven Bereich bereits eine Vielzahl an positiven Auswirkungen erzielt hat und dort auch eingesetzt werden sollte. Im Akut- sowie Rehabilitationsbereich besteht noch Forschungsbedarf, bevor eine weitreichende Implementierung von P4P sinnvoll ist, da geeignete Indikatoren fehlen.[255] Der Indikatorenauswahl im Bereich der qualitätsorientierten Vergütung widmet sich der nächste Unterpunkt.

4.2.2 Welche Indikatoren dienen zur Erfassung der ärztlichen Leistung?

Zur Messung der Behandlungsqualität unterscheidet man drei verschiedene Messgrößenarten. Die ärztliche Leistung lässt sich entweder durch Struktur-, Prozess- oder Ergebnisindikatoren erfassen. Deren Unterschiede und Ausprägungen wur-

[252] Vgl. Armour, B. S., Pitts, M. M. (2003), S. 144; Briesacher, B. A. u.a. (2009), S. 2.
[253] Vgl. Glickman, S. W. u.a. (2008), S. 622.
[254] Vgl. Baker, W. E. (2009), S. 622-623; Glickman, S. W. u.a. (2008), S. 622-631; Khanduja, K. u.a. (2009), S. 854.
[255] Vgl. Achat, H. u.a. (1999), S. 285-286; Baker, W. E. (2009), S. 622-623; Glickman, S. W. u.a. (2008), S. 622; Khanduja, K. u.a. (2009), S. 854.

den bereits ausführlich in Kapitel 2.1.5 dargelegt. Die folgende Abbildung 20 greift die zentralen Eigenschaften nochmals auf.

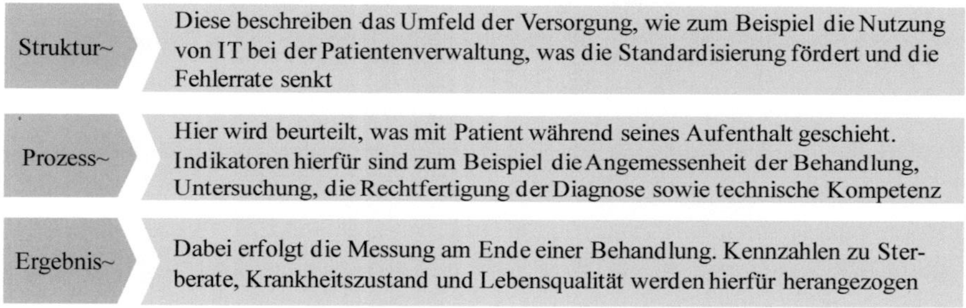

Abbildung 21: Differenzierung von Indikatoren[256]

Die Auswahl geeigneter Indikatoren stellt eine große Herausforderung dar. Strukturindikatoren, wie die Praxisausstattung, sind oft schwer mit der qualitativen Leistung des Arztes in Verbindung zu bringen. Ergebnisindikatoren hingegen sind eher ungeeignet, da sie oft von vielen anderen Umwelteinflüssen, wie z. B. der Patientenkooperation, abhängig sind. Für deren Beurteilung ist eine große Patientenzahl nötig und sie erfordern eine Risikoanpassung, um Ärzte miteinander vergleichen zu können und nicht Leistungserbringer zu benachteiligen, die Patienten mit schwerwiegenden Erkrankungen behandeln. Prozessindikatoren sind zwar leicht zu messen und von den Ärzten akzeptiert, jedoch führt deren Verbesserung nicht zwangsläufig zu einer Steigerung der Qualität.[257]

Laut *Amelung* und *Zahn* sollte die Patientenzufriedenheit, welche den Ergebnisindikatoren zugeordnet werden kann, einen höheren Stellenwert bei der Beurteilung der ärztlichen Leistung einnehmen. Patientenzufriedenheit steht in engem Zusammenhang mit der Compliance, die einen erheblichen Einfluss auf das Behandlungsergebnis haben kann.[258] Auch sollte laut *Frohlich* und Kollegen bei der Neu-

---

[256] Quelle: Eigene Darstellung in Anlehnung an Baker, W. E. (2009), S. 620-621.
[257] Vgl. Baker, W. E. (2009), S. 620-621.
[258] Vgl. Amelung, V. E., Zahn, T. P. (2009), S. 36.

implementierung von P4P-Programmen berücksichtigt werden, dass die Effektivität bei Indikatoren höher ist, die wenig Patientenkooperation benötigen. Dies hängt damit zusammen, dass der Patient durch Nichtbefolgung der ärztlichen Anweisungen oder eine falsche Arzneimitteleinnahme das Behandlungsergebnis negativ beeinflussen kann, der Arzt jedoch hierauf nahezu keinen Einfluss hat.[259]

Die Studienanalyse ergibt, dass derzeit primär Prozessindikatoren zur Leistungsmessung verwendet werden.[260] Laut *Van Herck* und Kollegen zeigen Prozessindikatoren höhere Verbesserungsraten als Outcomeindikatoren.[261] Auch in dem Review von *Khunti* und Kollegen zeigt sich ein positiver Anstieg der Prozessmessgrößen durch den Einsatz finanzieller Anreize.[262] Um einen durchgehend qualitativ hochwertigen Behandlungsprozess zu gewährleisten, ist es laut *Gonzalez* und Kollegen sowie *Van Herck* und Kollegen sinnvoll, Struktur-, Prozess- und Ergebnisindikatoren kombiniert zur Leistungsmessung heranzuziehen.[263] Gemäß *Armour* und Kollegen sollte jedoch darauf geachtet werden, dass sich die Indikatoren nicht gegenseitig beeinflussen.[264]

Bei der Analyse der Reviews ergeben sich weitere Implikationen in Bezug auf die richtige Auswahl und Entwicklung von Messgrößen, unabhängig von der Indikatorenart. So ist es laut *Van Herck* und Kollegen sinnvoll, die Leistungserbringer bei der Entwicklung von Leistungsindikatoren einzubeziehen.[265] Dadurch kann die Erfahrung der Ärzte eingebracht werden, Schwachstellen erkannt werden und die Akzeptanz gesteigert werden.

Khanduja und Kollegen sowie *Christianson* und Kollegen beschäftigen sich mit der Anzahl der Indikatoren zur Leistungsmessung. Werden mehrere Indikatoren

---

[259] Vgl. Frolich, A. u.a. (2007), S. 187.
[260] Vgl. Chien, A. T. u.a. (2007), S. 284; Khanduja, K. u.a. (2009), S. 854; Mehrotra, A. u.a. (2009), S. 21; Sorbero, M. E. u.a. (2006), S. 11.
[261] Vgl. Van Herck, P. u.a. (2010), S. 11.
[262] Vgl. Khunti, K. u.a. (2007), S. 1438-1439.
[263] Vgl. Gonzalez, C. M. u.a. (2007), S. 403-404; Van Herck, P. u.a. (2010), S. 21-23.
[264] Vgl. Armour, B. S. u.a. (2001), S. 1265.
[265] Vgl. Van Herck, P. u.a. (2010), S. 11.

verwendet, ist es schwer den Einfluss der einzelnen Messgrößen auf die Gesamtqualität zu beurteilen.[266] Verwendet man eine kleine Zahl an Indikatoren, so ist es wahrscheinlicher, dass diese auch effektiv umgesetzt werden. Jedoch besteht dann die Gefahr, dass Bereiche vernachlässigt werden und es zu einer Patientenselektion kommt. Es kann sogar die Innovationsaktivität in diesen Bereichen gehemmt werden.[267] Daher ist eine sinnvolle Abwägung der Indikatorenanzahl nötig.

Indikatoren sollten laut *Greene* und *Nash* derart ausgestaltet werden, dass sie als Richtlinien gelten. Es sollte möglich sein, wenn angebracht und begründet, von Zielwerten abzuweichen.[268] Im Gesundheitswesen ist es sehr wichtig auf den Patienten individuell einzugehen. Oft weißt dieser mehrere Komorbiditäten oder Allergien auf und bedarf daher einer von den Leitlinien abweichenden und auf ihn angepassten Lösung.[269]

Van Herck und Kollegen weisen in ihrer Arbeit darauf hin, dass bei der Auswahl der Messgrößen darauf geachtet werden sollte, dass genug Spielraum für Verbesserung vorhanden ist. Es macht keinen Sinn, Tätigkeiten zu belohnen, die bereits ein hohes Ausgangslevel aufweisen.[270] Liegt die Impfrate für in einer Praxis eingeschriebene Kinder bereits bei 90%, so ist eine weitere Steigerung dieses Wertes schwierig.[271]

Die Übersichtsarbeit von *de Brantes* und Kollegen beschäftigt sich gezielt mit der Auswahl von Leistungsmessgrößen und untersucht geeignete Indikatoren für den ambulanten Bereich. Dabei werden 62 Qualitätsindikatoren aus den Bereichen Erkrankung der Herzkranzgefäße, Herzfehler, Diabetes mellitus, Arthrose, Asthma, Depression, Bluthochdruck und Akutversorgung identifiziert und anschließend mittels einer Analyse auf ihre klinische oder wirtschaftliche Effektivität untersucht. Nur 20 Messgrößen erfüllen die Kriterien, was die Schlussfolgerung nach

[266] Vgl. Khanduja, K. u.a. (2009), S. 854-855.
[267] Vgl. Christianson, J. B. u.a. (2008), S. 10.
[268] Vgl. Greene, S. E., Nash, D. B. (2009), S. 163.
[269] Vgl. Chien, A. T. u.a. (2007), S. 286; Christianson, J. B. u.a. (2007), S. 19.
[270] Vgl. Van Herck, P. u.a. (2010), S. 21-23.
[271] Vgl. Christianson, J. B. u.a. (2008), S. 20.

sich zieht, dass derzeit im Gesundheitswesen eine Reihe an uneffektiven und unwirtschaftlichen Indikatoren eingesetzt wird.[272]

Zusammengefasst lässt sich sagen, dass ein guter Indikator klinisch relevant, standardisiert, verständlich, leicht messbar und valide sein sollte. Der minimale Standard der Versorgung wird durch ihn festgelegt. Wird dieser Wert unterschritten, kann die Leistung als qualitativ zu niedrig eingestuft werden.[273] Es gibt zwar bereits eine Vielzahl an Messgrößen, um die Qualität im Gesundheitswesen zu messen, jedoch sollten diese an die jeweilige Umwelt angepasst werden, da es noch an einem gemeinsamen Qualitätsverständnis fehlt. Wie bereits in Kapitel 2.1.1 angesprochen, werden je nach Empfängerebene oder Kultur unterschiedliche Kriterien für eine qualitativ hochwertige Behandlung herangezogen.[274]

Um die Leistung der Ärzte gerecht messen und vergleichen zu können, bedarf es einer entsprechenden Dokumentation der durchgeführten Aktivitäten. Diesen Aspekt greift der nächste Leitfadenpunkt auf.

4.3 Wie sollte die Dokumentation der Leistungsdaten erfolgen?

Die Datenbeschaffung zur Beurteilung der ärztlichen Leistung kann mit hohen Kosten verbunden sein. So kann die Qualität der Behandlung entweder direkt oder indirekt erfasst werden. Bei der direkten Ermittlung werden ein geschulter Beobachter, Video- oder Audioaufzeichnungen oder standardisierte, simulierte Patienten eingesetzt. Wird die Behandlungsqualität hingegen über die Krankengeschichte, die Abrechnungsdaten oder die elektronische Patientenakte erfasst, so spricht man von indirekter Messung.[275]

Laut *Hrisos* und Kollegen weist die direkte Messung eine Reihe von negativen Eigenschaften auf. Sie ist aufdringlich, bewirkt durch den Beobachtungseffekt ein

---

[272] Vgl. De Brantes, F. u.a. (2008), S. 360-364.
[273] Vgl. Gonzalez, C. M. u.a. (2007), S. 403; Khanduja, K. u.a. (2009), S. 854.
[274] Vgl. McNamara, P. (2005), S. 360.
[275] Vgl. Hrisos, S. u.a. (2009), S. 2.

gesellschaftlich erwünschtes Verhalten, ist zeitintensiv und teuer. Die indirekte Messung stellt sich hingegen als kostengünstiger und besser verfügbar dar und sollte deshalb für die Ermittlung der Leistungsdaten verwendet werden.[276]

Untersucht man die einzelnen indirekten Messmethoden genauer, so stellt sich heraus, dass Abrechnungsdaten die Vorteile haben, dass sie standardisiert und bereits vorhanden sind. Jedoch sind durch deren Auswertung nicht alle Indikatoren abdeckbar. So ist z. B. in den Daten nicht ersichtlich, ob der Blutdruck 140 oder 130 mmHg aufwies, was zur Bewertung der Behandlungsqualität erforderlich sein kann. Krankheitsgeschichten geben zwar Auskunft über die Art und Weise der Behandlung sowie den Gesundheitszustand, jedoch ist deren Analyse zeit- und ressourcenaufwendig.[277] Die elektronische Patientenakte hat neben der einheitlichen und schnellen Datenerfassung den Vorteil, dass eine falsche Berichterstattung verhindert wird. Vergisst z. B. ein Leistungserbringer die Dokumentation einer Leistung, die jedoch erbracht wurde, so wirkt sich dies nachteilig auf seine Bezahlung aus.[278] Auch die Zuordnung von Aktivitäten zu den ausführenden Personen, was bei Gruppenanreizen ein entscheidender Faktor ist, wird durch die elektronische Datenerfassung erleichtert.[279]

In Bezug auf die Dokumentation sollte laut *Steel* und *Willems* noch ein wichtiger Punkt bei der Auswertung von Studienergebnissen berücksichtigt werden. Oft sind positive Effekte durch P4P nur auf eine verbesserte Dokumentation einer qualitativ hochwertigen Leistung zurückzuführen, die bereits bestand.[280] Eine Verbesserung von Qualitätsindikatoren muss nicht zwangsläufig eine Verbesserung der Qualität bedeuten.[281]

Zusammengefasst lässt sich sagen, dass die elektronische Patientenakte, die derzeit nur von 15-20% der Ärzte genutzt wird, eine Automatisierung der Leistungs-

[276] Vgl. Hrisos, S. u.a. (2009), S. 2.
[277] Vgl. Shi, Y. (2008), S. 14.
[278] Vgl. Greene, S. E., Nash, D. B. (2009), S. 145.
[279] Vgl. Khanduja, K. u.a. (2009), S. 855.
[280] Vgl. Steel, N., Willems, S. (2010), S. 119.
[281] Vgl. Christianson, J. B. u.a. (2008), S. 31.

erfassung ermöglichen würde und daher, wenn möglich, für P4P eingesetzt werden sollte.[282] Gründe, warum es noch an einer weitreichenden Verbreitung dieser Leistungserfassungsform fehlt, sind laut *Gonzalez* und Kollegen die mit der Implementierung verbundenen erheblichen Kosten und Prozessveränderungen. Die Leistungserbringer in P4P-Programmen erhalten derzeit keinen Zuschuss für die Einrichtung solch eines Systems.[283] Gerade im ambulanten Bereich können sich viele Ärzte eine derartige Investition nicht leisten, was ein entscheidendes, erfolghemmendes Kriterium für P4P ist.[284] Jedoch veranschaulicht *McNamara* in seinem Review, dass Infrastrukturen, wie die elektronische Patientenakte oder die EDV-Abrechnung, zwar von Vorteil, aber nicht zwingend notwendig für die qualitätsorientierte Vergütung sind.[285]

Neben der Vielzahl an Vorteilen von P4P, die bereits in Kapitel 2.1.2 aufgezeigt und im Laufe der Arbeit noch ergänzt wurden, können durch den Einsatz der qualitätsorientierten Vergütung auch unerwünschte Nebenwirkungen auftreten, die es bei der Implementierung neuer Programme zu mindern gilt.

4.4 Welche Nebenwirkungen können auftreten?

Wie nahezu bei jeder Vergütungsart im Gesundheitswesen gibt es Leistungserbringer, die versuchen Lücken im System zu identifizieren und sich so einen Wettbewerbsvorteil gegenüber anderen Ärzten zu verschaffen. Dabei unterscheidet man das Cherry-Picking, das Multitasking Problem, das Gaming, die Korruption und die Ungleichbehandlung. Weitere unerwünschte Nebenwirkungen der qualitätsorientierten Vergütung können die Abhängigkeit von den finanziellen Anreizen, der Ceiling Effect, die Demoralisierung, die Bürokratie, der Verlust an intrinsischer Motivation sowie die Ablehnung durch die Leistungserbringer sein. In den nachfolgenden Tabelle 13 werden diese möglichen Probleme zunächst beschrieben und mögliche Implikationen bzw. Lösungsvorschläge hierzu genannt.

---

[282] Vgl. De Brantes, F. u.a. (2008), S. 366-367.
[283] Vgl. Gonzalez, C. M. u.a. (2007), S. 404.
[284] Vgl. Pierce, R. G. u.a. (2007), S. 91.
[285] Vgl. McNamara, P. (2005), S. 360.

Cherry Picking	Kommt es durch den Einsatz von P4P zu einer Abweisung von bestimmten Patienten, so spricht man von Cherry-Picking. Diese weisen oft große Komorbiditäten, eine Vielzahl an Erkrankungen und ein geringes Gesundheitswissen auf. Durch die Selektion von Patienten, die zu hohen Punktewerten führen und die Abweisung von Patienten, welche die Punkteereichung erschweren, können sich die Leistungserbringer einen Vorteil gegenüber ihren Konkurrenten verschaffen. Um dies zu verhindern, sollte laut dem Review von *Khunti* und Kollegen den Ärzten die Möglichkeit gegeben werden, durch sogenanntes Exception Reporting, Patienten mit außergewöhnlichem Behandlungsaufwand begründet von der Leistungsmessung auszuschließen. Gäbe es diese Möglichkeit nicht, so würde sich die Behandlung solcher Patienten negativ auf die Qualitätsindikatoren auswirken. Etwa 5,3% der Patienten werden laut *Steel* und *Willems* bei dem britischen QOF durch Exception Reporting ausgeschlossen. Bei der zweiten Möglichkeit, nämlich einer Risikoanpassung, werden Messgrößen laut *Pierce* und Kollegen mit Hilfe von statistischen Verfahren, wie dem Charlson Index, auf Basis von Gesundheitsstatus, Bevölkerungsgruppe und sozioökonomischem Status angepasst. Dabei wird z. B. berücksichtigt, ob Patienten an mehreren Krankheiten gleichzeitig leiden Dies hat nach *Van Herck* und Kollegen einen positiven Einfluss auf die Effektivität von P4P.
Multitasking-Problem	In den Reviews von *Custers* und Kollegen sowie *Rosenthal* und Kollegen wird ein weiteres Problem von P4P-Programmen angesprochen. Leistungserbringer stehen bei ihrer Arbeit oft unter Zeitdruck. Um ihr Einkommen zu maximieren fokussieren sie sich auf Indikatorenbereiche, die mit einer Bonuszahlung verbunden sind und vernachlässigen dadurch andere nicht belohnte Tätigkeiten, die vielleicht in dieser Situation sinnvoller wären. Zum Beispiel kann ein Konflikt zwischen der für die Zahlung erforderlichen ausführlichen Dokumentation und den notwendigen Versorgungstätigkeiten im Akutbereich entstehen. Zur Minderung dieses Problems ist es sinnvoll, möglichst alle Indikationsbereiche abzudecken, was jedoch aufgrund begrenzter finanzieller Mittel nur selten möglich ist. Auch sollten sich die Zahler der Anreize laut *Rosenthal* und *Frank* untereinander abstimmen, so dass nicht Zielkonflikte für die Ärzte entstehen, wenn sie unterschiedliche vertragliche Vereinbarungen erfüllen müssen.

Tabelle 14: Nebenwirkungen von P4P mit Lösungsansatz-Teil 1[286]

[286] Quelle: Eigene Darstellung in Anlehnung an Custers, T. u.a. (2008), S. 7; Khunti, K. u.a. (2007), S. 1440; Oxman, A. D., Fretheim, A. (2009), S. 78-79; Pierce, R. G. u.a. (2007), S. 91-92; Rosenthal, M. B. u.a. (2004), S. 139; Rosenthal, M. B., Frank, R. G. (2006), S. 153; Steel, N., Willems, S. (2010), S. 120; Van Herck, P. u.a. (2010), S. 8.

Gaming	Laut *Oxman* und *Fretheim* verfälschen Ärzte dokumentierte Daten, um berichtete Ergebnisse zu verbessern und dadurch die Bonuszahlungen zu erhöhen. Dieses Problem nennt man Gaming. Auch die unnötige Ausweitung bzw. Reduktion von Leistungen, was zu einer Über- und Unterversorgung führen kann, fällt unter diesen Begriff. Zum Beispiel wurde in England in einem P4P-Programm die Zeit gemessen, die Patienten in der Unfall- und Notfallabteilung warten mussten. Einige Krankenhäuser ließen ihre Patienten in einer Schlange von Krankenwagen außerhalb des Krankenhauses warten, bevor sie sicher waren, dass der Patient innerhalb der nächsten vier Stunden behandelt werden kann. Eine fortlaufende Überwachung mit stichprobenartigen Überprüfungen der dokumentierten Leistungen sowie das Androhen von Strafen können diesen Manipulationseffekt mindern.
Korruption	*Oxman* und *Fretheim* weisen auf die Gefahr hin, dass die für die finanziellen Anreize zur Verfügung stehenden Gelder falsch eingesetzt und verteilt werden können. Eine Überwachung des Verteilungsprozesses durch unabhängige Parteien gewährleistet eine weitgehende Reduktion der Korruption.
Ungleich-behandlung	*Alshamsam* und Kollegen sowie *Steel* und *Willems* untersuchen in ihren Reviews die Auswirkung von P4P auf die Ungleichbehandlung bestimmter Personengruppen in Bezug auf Alter, Geschlecht sowie ethischem und sozioökonomischem Status. Laut *Alshamsam* und Kollegen sind die Unterschiede zwischen sozioökonomischen Gruppen durch P4P jährlich gesunken. In Bezug auf Alter, Geschlecht und ethischem Status sind keine Verbesserungen zu verzeichnen. Frauen, Ältere und ethische Minderheitsgruppen erhielten weiterhin qualitativ geringwertigere Behandlung auch nach Einführung der qualitätsorientierten Vergütung. Zur Lösung dieses Problems sollten laut *Alshamsam* und Kollegen die Ärzte dafür belohnt werden, wenn sie zu einer Reduktion von Ungleichheiten beitragen. Zudem sollten P4P-Programme Komponenten enthalten, die Ungleichbehandlung bestimmter Patientengruppen mindern. Der Review von *Chien* und Kollegen gibt vier Empfehlungen für die Ausgestaltung von Programmen, um diesem Problem entgegenzuwirken.

Tabelle 15: Nebenwirkungen von P4P mit Lösungsansatz-Teil 2[287]

[287] Quelle: Eigene Darstellung in Anlehnung an Alshamsan, R. u.a. (2010b), S. 18; Oxman, A. D., Fretheim, A. (2009), S. 78-79; Steel, N., Willems, S. (2010), S. 120; Van Herck, P. u.a. (2010), S. 5.

Abhängigkeit von finanziellen Anreizen	Wird die qualitätsorientierte Vergütung über einen längeren Zeitraum eingesetzt, so kann es gemäß dem Review von *Oxman* und *Fretheim* sein, dass sich die Ärzte an eine Bonuszahlung für das Erbringen einer qualitativ hochwertigen Leistung gewöhnen. Bei Programmbeendigung und dem draus folgenden Absetzen der monetären Anreize kann es zu einer Enttäuschung und einem Leistungsrückfall auf das alte Qualitätsniveau vor Einführung des Programms kommen. Eine Lösung für dieses Problem wird in den eingeschlossenen Studien nicht gegeben.
Ceiling Effekt	In den Reviews von *Shi* sowie von *Van Herck* und Kollegen fällt auf, dass Leistungsanbieter, die vor Einführung des P4P-Programms eher schlechtere Leistung erbrachten, größere Verbesserungen als Leistungsanbieter mit bereits hohem Leistungsstandard erzielen. Als Grund hierfür kann der größere Spielraum für Verbesserungen bei bisher Leistungsschwachen genannt werden. Da die Teilnahme an P4P-Projekten freiwillig ist, führt dieser Aspekt meist schon im Vorfeld zu einer Selbstselektion von leistungsstarken Ärzten. Für dieses Problem wird in den Reviews keine Lösung genannt.
Demoralisierung	*Oxman* und *Fretheim* weisen darauf hin, dass einige Leistungserbringer sich bei der Verteilung der Anreize benachteiligt fühlen können und dadurch ihre Leistung absenken. Zum Beispiel können Konflikte entstehen, wenn bisher leistungsschwache Ärzte dieselbe Bonuszahlung erhalten wie Ärzte, die schon seit Jahren qualitative Versorgung gewährleisten. Für dieses Problem wird in den Reviews keine Lösung genannt.
Bürokratie	Bei der Neuimplementierung von P4P-Programmen muss laut *Christianson* und Kollegen berücksichtigt werden, dass neben den Einrichtungskosten zu Beginn des Projekts fortlaufend Verwaltungskosten für die Messung und die Auszahlung der finanziellen Anreize anfallen. Da hohe Kosten laut *Sorbero* und Kollegen nicht unbedingt eine höhere Behandlungsqualität schlussfolgern lassen, ist es nötig den erwarteten Return on Investment des Programms zu berechnen. Laut dem Review von *Kane* und Kollegen erfolgt oft nur eine kurzfristige Betrachtung des Kosten-Nutzen-Verhältnisses. Einsparungen sind jedoch erst in den Folgejahren ersichtlich, weshalb eine langfristige Analyse angebracht ist.

Tabelle 16: Nebenwirkungen von P4P mit Lösungsansatz-Teil 3[288]

[288] Quelle: Eigene Darstellung in Anlehnung an Christianson, J. B. u.a. (2007), S. 43; Kalk, A. u.a. (2010), S. 184; Kane, R. u.a. (2004), S. 4; Sorbero, M. E. u.a. (2006), S. 44.

Intrinsische Motivation sinkt	Laut *Custers* und Kollegen sind Leistungserbringer grundsätzlich motiviert ihre Arbeit nach bestem Gewissen durchzuführen. Durch externe finanzielle Anreize kann diese intrinsische Motivation übertroffen werden. Ärzte können dadurch zu einer Verhaltensänderung bewegt werden, welche sie ohne den Anreiz möglicherweise nicht vollzogen hätten. Der Verlust an intrinsischer Motivation kann laut dem Review von *Steel* und *Willems* nicht bestätigt werden.
Viele Leistungserbringer sehen P4P als Überwachungssystem	Durch die Leistungsmessung wird der Behandlungsprozess immer transparenter. Die Ärzte fühlen sich laut dem Review von *Kalk* und Kollegen in ihrer Arbeit überwacht und müssen jedes Abweichen von der leitliniengetreuen Behandlung rechtfertigen. Laut *Khanduja* und Kollegen empfiehlt es sich, die Leistungserbringer bei der Entwicklung und Ausgestaltung des P4P-Programms einzubeziehen. Dadurch kann die Akzeptanz der Ärzte gegenüber dieser neuartigen Vergütungsform gesteigert werden.

Tabelle 17: Nebenwirkungen von P4P mit Lösungsansatz-Teil 4[289]

Die in den Tabellen 13-15 genannten unerwünschten Nebenwirkungen sollten bei der Ausgestaltung von neuen P4P-Programmen berücksichtigt und entsprechende Elemente und Überwachungssysteme integriert werden, um diese auf möglichst niedrigem Niveau zu halten.

Die für die qualitätsorientierte Vergütung erfassten Leistungsdaten können nicht nur intern für die Bemessung der Bonuszahlungen genutzt, sondern auch der Öffentlichkeit zur Verfügung gestellt werden. Dieser nicht-finanzielle Anreiz sowie weitere Maßnahmen zur Qualitätssteigerung der Behandlung werden im nächsten Leitfadenpunkt diskutiert.

4.5 Welche Rolle spielen nicht-finanzielle Anreize?

Finanzielle Anreize werden oft in Kombination mit nicht-monetären Qualitätsverbesserungsstrategien eingesetzt. Hierbei sind neben dem PR das interne Feedback, Schulungsmaßnahmen, Druck von anderen gleichrangigen Ärzten, Ressourcenverbrauchsbeobachtungen oder verpflichtende Leitlinien beispielhaft zu nennen,

[289] Quelle: Eigene Darstellung in Anlehnung an Custers, T. u.a. (2008), S. 7; Kalk, A. u.a. (2010), S. 184; Khanduja, K. u.a. (2009), S. 852; Steel, N., Willems, S. (2010), S. 120.

die einen erheblichen Einfluss auf das Verhalten der Leistungserbringer haben können.[290] In den Übersichtstabellen der eingeschlossenen Arbeiten im Anhang finden sich noch eine Reihe weiterer Interventionen. Im folgenden Verlauf wird zunächst ausführlicher auf das wichtige Konzept des PR eingegangen, bevor anschließend eine kurze Darstellung weiterer nicht-monetärer Qualitätsverbesserungsstrategien erfolgt (siehe 4.5.1-4.5.2).

4.5.1 Public Reporting

Unter PR versteht man die Veröffentlichung von ärztlichen Leistungsdaten. Diese können entweder nur zwischen den Ärzten ausgetauscht werden oder aber auch den Patienten zur Verfügung gestellt werden. Durch die erhöhte Transparenz wird die Versorgungsqualität auf drei Arten beeinflusst:[291]

- Selection Pathway: Patienten oder deren Angehörige vergleichen veröffentlichte Daten, können dadurch informierter Entscheidungen treffen und belohnen besser arbeitende Ärzte, indem sie diese für die nächste Behandlung auswählen. Zudem können andere Ärzte bei Überweisungen auf diese Daten zurückgreifen. Der daraus folgende Anstieg bzw. Rückgang der Patientenzahl hat wiederum finanzielle Konsequenzen für die Arztpraxen

- Change Pathway: Leistungserbringer können durch die Messung Schwachstellen in ihrem Behandlungsprozess entdecken und Anpassungen vornehmen

- Reputation: Der soziale Aspekt einer Veröffentlichung von Leistungsdaten spielt eine große Rolle, da Freunde und andere Ärzte die Berichte lesen können. Kein Arzt befindet sich gern im unteren Teil eines Rankings

Bei dem Einsatz von PR sollte die Gefahr berücksichtigt werden, dass die Rankings von den Patienten falsch gedeutet werden oder fehlerhafte Daten veröffent-

---

290 Vgl. Chaix-Couturier, C. u.a. (2000), S. 134; Petersen, L. A. u.a. (2006), S. 265.

291 Vgl. Frolich, A. u.a. (2007), S. 180; Fung, C. H. u.a. (2008), S. 111; Gelfand, E. W. u.a. (2006), S. 299; Pierce, R. G. u.a. (2007), S. 90-91.

licht werden.[292] *Dudley* und Kollegen führen hierzu in ihrer Übersichtsarbeit eine Simulation durch, inwieweit es bei PR zu einer Fehleinschätzung von Krankenhäusern kommt. Sie kommen zu dem Ergebnis, dass Krankenhäuser vor allem in der ersten Periode häufig falsch dargestellt werden. Nach drei Jahren der Berichterstattung werden nahezu alle leistungsstarken Krankenhäuser richtig eingeschätzt.[293]

Wie eine in dem Review von *Pierce* und Kollegen durchgeführte Befragung ergab, hätten 80% der Patienten gerne solche Daten zur Verfügung und würden sich auch nach den Rankings richten. Jedoch sind 70% der Befragten der Meinung, dass solche Programme nicht zu einer Steigerung der Qualität führen. Sie halten Anreizzahlungen für unethisch und unnötig.[294]

Mit der Veröffentlichung von Leistungsdaten befassen sich verschiedene Institutionen, wie z. B. die Leapfrog Group oder die CMS-Hospital Acquired Conditions Inititative.[295] Eines der bekanntesten PR-Projekte ist die Physician Quality Reporting Inititative, bei der eine Beurteilung von individuellen ambulanten Ärzten und Spezialisten durch eine Erfassung von 119 Indikatoren in ganz Amerika erfolgt.[296] Die Teilnahme an den Programmen ist derzeit noch freiwillig. Dennoch liefern mehr als 98% der US-Akutkliniken Leistungsdaten an das CMS und es ist eine wesentliche Verbesserung dieser Indikatoren seit dem Start des Programms ersichtlich.[297] Auch im Krankenhaussektor lässt sich laut *Fung* und Kollegen ein positiver Trend hin zu einer verbesserten Versorgungsqualität durch PR beobachten.[298] Erhebliche Auswirkungen von PR auf die Behandlungsqualität waren besonders bei Krankenhäusern ersichtlich, welche vor der Veröffentlichung der Daten eher auf geringerem Leistungsniveau arbeiteten.[299] Auch *Sorbero* und Kolle-

---

[292] Vgl. Pierce, R. G. u.a. (2007), S. 90-91.
[293] Vgl. Dudley, R. A. u.a. (2004), S. 41-47.
[294] Vgl. Pierce, R. G. u.a. (2007), S. 90-91.
[295] Vgl. Amin, A. N., Deitelzweig, S. B. (2009), S. 558-560.
[296] Vgl. Chien, A. T. u.a. (2007), S. 284.
[297] Vgl. Custers, T. u.a. (2008), S. 5; Mehrotra, A. u.a. (2009), S. 25.
[298] Vgl. Fung, C. H. u.a. (2008), S. 123.
[299] Vgl. Frolich, A. u.a. (2007), S. 187.

gen berichten von positiven Ergebnissen durch den kombinierten Einsatz von P4P und PR.[300]

Laut den Reviews von *Amin* und *Deitelzweig* als auch *Gonzalez* und Kollegen sollten Ärzte und Krankenhäuser für die Teilnahme an PR-Programmen eine finanzielle Entschädigung erhalten, da die Freigabe und Übermittlung von Leistungsdaten mit zusätzlichem Verwaltungsaufwand verbunden ist. Zum Beispiel kann an alle Leistungserbringer, die eine festgelegte Anzahl an Qualitätsindikatoren freigegeben, ein Bonus gezahlt werden.[301]

Wie *Chien* und Kollegen in ihrer Übersichtsarbeit darlegen, sollten die beiden Qualitätssteigerungsmaßnahmen PR und P4P kombiniert eingesetzt werden. Die bei der qualitätsorientierten Vergütung zur Bemessung der Bonuszahlung ermittelten Qualitätsindikatoren können ohne großen zusätzlichen Aufwand für die Veröffentlichung verwendet werden. Wird PR isoliert eingesetzt, so sind zunächst hohe Aufwendungen für die Erfassung der Leistungsdaten nötig.[302]

Um sich ein besseres Bild solch einer Leistungsveröffentlichung machen zu können, wird nachfolgend in Abbildung 21 die Scorecard des IHA-P4P-Plan beispielhaft dargestellt. Hierbei werden die Bereiche klinische Qualität und Patientenzufriedenheit für fünf Arztgruppen verglichen und der Öffentlichkeit zur Verfügung gestellt.[303]

[300] Vgl. Sorbero, M. E. u.a. (2006), S. 46.
[301] Vgl. Amin, A. N., Deitelzweig, S. B. (2009), S. 560; Gonzalez, C. M. u.a. (2007), S. 406.
[302] Vgl. Chien, A. T. u.a. (2007), S. 284.
[303] Vgl. Gelfand, E. W. u.a. (2006), S. 302.

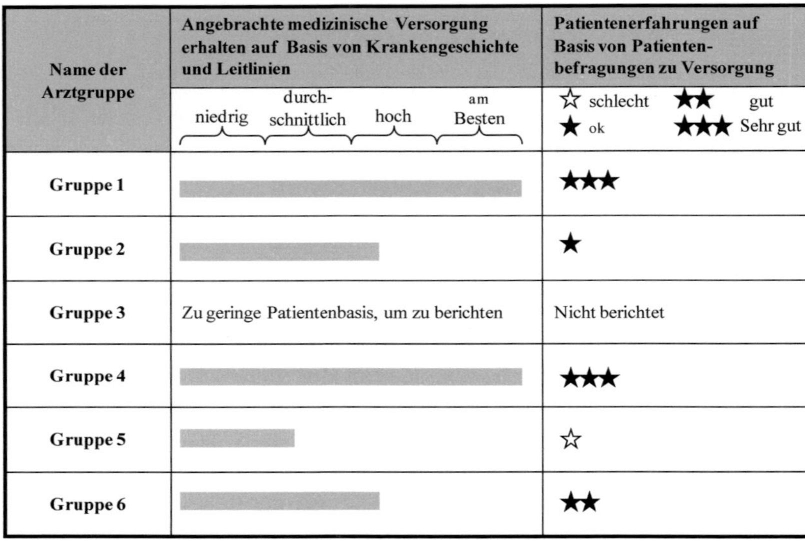

Abbildung 22: Scorecard einer Veröffentlichung von Leistungsdaten[304]

Neben der Leistungsveröffentlichung gibt es noch weitere nicht-monetäre Strategien, die in Kombination oder unabhängig von P4P eingesetzt und berücksichtigt werden sollten, um die Qualität der Versorgung zu steigern.

4.5.2 Weitere nicht-finanzielle Anreize

Auch die Integration eines internen Feedbacksystems kann zu einer Verhaltensänderung seitens der Ärzte beitragen und wird häufig in Kombination mit P4P-Programmen eingesetzt.[305] Dabei erhalten die Leistungserbringer durch einen Vergleich der Leistungen mit festgelegten Zielen oder Standardwerten eine Rückmeldung bezüglich der Schwachstellen im Behandlungsverlauf.[306] Die Ärzte können auf Basis dieser Daten entsprechende Prozessanpassungen durchführen.

---

[304] Quelle: Eigene Darstellung in Anlehnung an Gelfand, E. W. u.a. (2006), S. 303.
[305] Vgl. Rosenthal, M. B., Frank, R. G. (2006), S. 141-145.
[306] Vgl. Sabatino, S. A. u.a. (2008), S. 69.

In dem Review von *De Vos* und Kollegen wird gezeigt, dass alleine durch die Überwachung und Rückmeldung der ärztlichen Leistung in einem Krankenhaus in *Bradford* die Sterberate von 0,95 auf 0,75 sank.[307] Auch *Van Herck* und Kollegen berichten von positiven Auswirkungen auf die Effektivität durch Feedbacksysteme.[308] Laut dem Review von *Chaix-Couturier* und Kollegen sowie von *Stone* kommt es hingegen durch den Einsatz von Feedbackgesprächen zu eher geringen Leistungssteigerungen und andere Qualitätsverbesserungsmaßnahmen sollten Vorrang haben.[309]

In den eingeschlossenen Reviews werden noch weitere nicht-finanzielle Strategien zur Steigerung der Versorgungsqualität genannt. Diese werden meist unabhängig von P4P eingesetzt. Aufgrund des begrenzten Seitenumfangs dieser Arbeit wird auf eine ausführliche Betrachtung verzichtet. Beispielhaft werden im Folgenden einige dieser Instrumente genannt:[310]

- Technische Unterstützung für Qualitätsverbesserungsaktivitäten
- Senkung der Verwaltungspflichten
- Erinnerungssysteme
- Schulungen
- Massenmedienkampagnen
- Organisationsveränderungen

Die Publikation von *Stone* und Kollegen hat eine Reihe dieser Strategien für verschiedene Empfängerebenen untersucht und miteinander verglichen. Dabei stellte

---

[307] Vgl. De Vos, M. u.a. (2009), S. 120.
[308] Vgl. Van Herck, P. u.a. (2010), S. 6.
[309] Vgl. Chaix-Couturier, C. u.a. (2000), S. 136; Stone, P. W. (2009), S. 649.
[310] Vgl. Compas, C. u.a. (2008), S. 209-214; Khanduja, K. u.a. (2009), S. 854; Stone, E. G. u.a. (2002), S. 647-648.

sich die Organisationsveränderung neben den Patientenerinnerungen als geeignetes Mittel zur Steigerung der Versorgungsqualität heraus.[311]

Zusammenfassend lässt sich sagen, dass eine Kombination von finanziellen Anreizen mit PR, Feedback oder anderen Instrumente zu meist positiven Qualitätsauswirkungen führt, was Erfahrungen aus verschiedenen Ländern zeigen.[312] Laut *Stone* und Kollegen sollten nicht-finanzielle Anreize auch isoliert als Alternative zum monetären Anreiz abgewogen werden, da unter gewissen Umständen eine gleichwertige Qualitätsverbesserung mit geringeren Kosten erreicht werden kann.[313] Inwieweit P4P zu einer Steigerung der Versorgungsqualität beiträgt, untersucht der folgende Leitfadenpunkt.

4.6 Inwieweit kommt es zu einer Qualitätsverbesserung durch P4P?

Grundsätzlich sollte das primäre Ziel eines Vergütungssystems im Gesundheitswesen die Steigerung der Behandlungsqualität sein. *Van Herck* und Kollegen spezifizieren diese Aussage in ihrer Übersichtsarbeit und sprechen in Zusammenhang mit P4P von der Steigerung der klinischen Effektivitätsmessgrößen als zentrale Absicht.[314] Bei der Erfassung und Beurteilung der Effektivität ist es schwer, eine isolierte Aussage bezüglich P4P zu treffen. Finanzielle Anreize werden oft in Kombination mit einer Reihe an anderen, teilweise nicht-monetären Qualitätsverbesserungsstrategien eingesetzt. Es ist somit nahezu unmöglich zu ermitteln, welchen Anteil die qualitätsorientierte Vergütung letztendlich am Gesamteffekt hat. Zudem haben nationale Trends einen erheblichen Einfluss auf das Ergebnis. Kontrollgruppen können zur Lösung dieses Problems beitragen, werden jedoch aufgrund des erhöhten Aufwands nur in wenigen Studien eingesetzt.[315]

---

311 Vgl. Stone, E. G. u.a. (2002), S. 647-648.
312 Vgl. Van Herck, P. u.a. (2010), S. 6.
313 Vgl. Stone, E. G. u.a. (2002), S. 647-648.
314 Vgl. Chien, A. T. u.a. (2007), S. 284.
315 Vgl. Christianson, J. B. u.a. (2007), S. 7; Sorbero, M. E. u.a. (2006), S. 29-32.

Es ist schwer eine allgemeine Aussage zu treffen, inwieweit es durch den Einsatz von P4P zu einer Qualitätssteigerung kommt, da je nach Ausgestaltung des Programms gemischte Ergebnisse in den Studien vorliegen. Jedoch überwiegen die positiven Auswirkungen. Zum Beispiel zeigt der Review von *Van Herck* und Kollegen, der insgesamt 128 Publikationen umfasst, eine durchschnittliche Qualitätsverbesserung von 5% durch den Einsatz von finanziellen Anreizen.[316] *Chien* und Kollegen kommen durch ihre Studienanalyse zu dem Ergebnis, dass durch finanzielle Anreize zwar die Prozesse der Versorgung verbessert werden, aber nicht notwendigerweise das Behandlungsergebnis.[317]

Wie die Übersichtsarbeiten von *Custers* und Kollegen sowie von *Van Herck* und Kollegen zeigen, erzielen Leistungsanbieter, die vor Einführung von P4P eher auf niedrigem Leistungsniveau agierten, größere Verbesserungen durch den Einsatz der qualitätsorientierten Vergütung als Ärzte und Krankenhäuser mit bereits hohem Leistungsstandard. Als Grund hierfür kann der größere Spielraum für Verbesserungen genannt werden.[318]

Laut *Glickman* und Kollegen sollte untersucht werden, ob die Höhe der Qualitätsverbesserung auch die Ausgaben rechtfertigt, die für die Erreichung dieses Ziels notwendig sind.[319] Eine Verbesserung der Behandlungsqualität führt zu weniger Folgeerkrankungen und Komplikationen, was wiederum Einsparungen für die Kostenträger bedeutet.[320] Jedoch muss auch berücksichtigt werden, dass durch eine Verbesserung der Gesundheitsversorgung und Präventivmaßnahmen die Lebenserwartung der Bevölkerung steigt. Dies führt wiederum zu erhöhten Kosten. Einige der Messgrößen, wie Aspirin bei Herzinfarkt, haben bereits ein hohes Ein-

---

[316] Vgl. Van Herck, P. u.a. (2010), S. 3-4.
[317] Vgl. Chien, A. T. u.a. (2007), S. 284.
[318] Vgl. Custers, T. u.a. (2008), S. 5; Van Herck, P. u.a. (2010), S. 8-9.
[319] Vgl. Glickman, S. W. u.a. (2008), S. 622.
[320] Vgl. Mehrotra, A. u.a. (2009), S. 27.

satzlevel. Es stellt sich die Frage nach der Kosteneffektivität bei Qualitätsverbesserungsmaßnahmen bei diesen Diagnosen.[321]

Die Effektivität eines P4P-Programms hängt nicht alleine von der Ausgestaltung der Anreize und Indikatoren ab. Faktoren, wie die Infrastruktur oder Organisationsstrukturen, spielen laut *Oxman* und *Fretheim* eine entscheidende Rolle, was besonders in Entwicklungsländern ein entscheidender Punkt ist. Zum Beispiel ist für eine hochwertige Behandlung auch entsprechende medizinische Ausstattung nötig.[322] Diese auf P4P Einfluss nehmenden Umweltbedingungen werden im folgenden Unterkapitel näher betrachtet.

4.7 Welche Umweltbedingungen müssen berücksichtigt werden?

Laut *Christianson* und Kollegen gibt es keine standardisierte Empfehlung für die Ausgestaltung eines effektiven Vergütungssystems. Ein Beispiel verdeutlicht dies sehr gut. Ein finanzieller Anreiz von zusätzlichen zwei Euro für jede durchgeführte Screeningmaßnahme würde in Entwicklungsländern eine um einiges höhere Verhaltensänderung bewirken als in Ländern wie England oder Deutschland, in welchen die Leistungserbringer über ein höheres Durchschnittseinkommen verfügen. Daher sollte bei der Implementierung von neuen P4P-Programmen sowohl auf die Charakteristika des Patienten, des Leistungserbringers als auch der Umwelt eingegangen werden.[323]

Patienten unterscheiden sich hinsichtlich Alter, Erziehung, Versicherungsstatus und weiteren demographischen Faktoren. Durch z. B. das Befolgen der ärztlichen Anweisungen als auch durch eine gesunde Lebensweise, wie bspw. eine gesunde Ernährung und sportlicher Betätigung, können sie das Behandlungsergebnis erheblich beeinflussen.[324]

---

[321] Vgl. Glickman, S. W. u.a. (2008), S. 622.
[322] Vgl. Oxman, A. D., Fretheim, A. (2009), S. 78.
[323] Vgl. Christianson, J. B. u.a. (2008), S. 31-32.
[324] Vgl. Frolich, A. u.a. (2007), S. 182; Van Herck, P. u.a. (2010), S. 15-18.

Auch auf Seiten der Leistungserbringer liegen demographische und organisatorische Unterschiede vor. Es macht neben dem Alter und dem Geschlecht des Arztes auch einen Unterschied, ob der Leistungserbringer in einer Einzel- oder Gruppenpraxis tätig ist, wie groß die Krankenhausabteilung ist und welche Organisationskultur gepflegt wird.[325] Zudem weisen Ärzte unterschiedliche fachliche Qualifikationen auf und haben Neigungen wie z. B. ein bestimmtes Wunschgehalt. Ärzte, die bereits ihr Zieleinkommen erreicht haben, reagieren weniger auf monetäre Anreize als Leistungserbringer mit finanziellen Problemen.[326] Auch gibt es Unterschiede im Qualitätsverständnis. Ob nun eine leitliniengetreue Behandlung oder eine optimale Praxisausstattung zu höherer Versorgungsqualität führt, hängt von der subjektiven Betrachtungsweise ab.[327]

Auch Umweltbedingungen wie das Gesundheitssystem, die Kultur oder die sozioökonomischen Aspekte des jeweiligen Landes sollten bei einer Neuimplementierung von P4P-Programmen berücksichtigt werden und es sollte daher eine entsprechende Anpassung der P4P-Elemente erfolgen.[328] Zudem unterscheiden sich Länder hinsichtlich ihres Qualitätsverständnisses. Während z. B. in einem Land eine ausreichende Anzahl an Ärzten und Einrichtungen als qualitativ hochwertig gilt, betrachten andere Länder hingegen das Behandlungsergebnis als Indikator für ein erstklassiges System.[329] Laut *Alshamsam* und Kollegen sowie *Chaix-Couturier* und Kollegen ist es nur schwer möglich, die aus einem Programm gewonnenen Erkenntnisse auf andere Länder zu übertragen.[330] Die Autoren *Mc Namara* und Kollegen heben hervor, dass die Verwendung von P4P nicht auf einen bestimmten Empfänger oder ein bestimmtes Vergütungssystem beschränkt

[325] Vgl. Chaix-Couturier, C. u.a. (2000), S. 134.
[326] Vgl. Frolich, A. u.a. (2007), S. 182.
[327] Vgl. McNamara, P. (2005), S. 360.
[328] Vgl. Alshamsan, R. u.a. (2010b), S. 182; Chaix-Couturier, C. u.a. (2000), S. 133.
[329] Vgl. McNamara, P. (2005), S. 360.
[330] Vgl. Alshamsan, R. u.a. (2010b), S. 182; Chaix-Couturier, C. u.a. (2000), S. 133.

ist. Durch eine Anpassung der Programmstruktur kann diese Vergütungsform in nahezu allen Ländern eingesetzt werden.[331]

Gerade in einem Land wie Amerika mit seinem pluralistischen Gesundheitssystem kann es sein, dass Ärzte an mehreren heterogenen P4P-Programmen gleichzeitig beteiligt sind, die sich hinsichtlich Anreiz und Qualitätsziel unterscheiden. Diese können sich gegenseitig beeinflussen.[332] Laut *Van Herck* und Kollegen sollte eine Abstimmung der Zahler untereinander erfolgen, um Leistungserbringer nicht zu überfordern.[333]

Aufgrund der wechselnden Umweltbedingungen sollte laut *Van Herck* und Kollegen eine fortlaufende Anpassung der Anreize und Indikatoren erfolgen.[334] Diese Aussage sollte auch bei der Ausrichtung des Anreizes auf die Patientenebene berücksichtigt werden. Diesem Aspekt widmet sich der letzte Leitfadenpunkt.

4.8 Sollten Anreize auch an Patienten gerichtet werden?

Das Behandlungsergebnis ist neben einer Vielzahl an Faktoren, wie z. B. der richtigen Medikation, auch entscheidend von der Mitwirkung des Patienten, der sog. Compliance, abhängig.[335] Halten sich die zu behandelnden Personen nicht an die ärztlichen Anweisungen oder erscheinen nicht zu den vereinbarten Arztterminen, so wirkt sich dies wahrscheinlich nachteilig auf den Krankheitsverlauf aus. Der Leistungserbringer hat selbst keinen Einfluss hierauf, muss aber im Falle der qualitätsorientierten Vergütung mit einer geringeren Zahlung bei einem Misserfolg der Heilung rechnen. Daher werden zunehmend Programme im Gesundheitswesen implementiert, die mit Hilfe finanzieller und nicht-finanzieller Anreize versuchen, die Compliance der Patienten zu steigern.[336]

---

[331] Vgl. McNamara, P. (2005), S. 359.
[332] Vgl. Christianson, J. B. u.a. (2008), S. 9.
[333] Vgl. Van Herck, P. u.a. (2010), S. 21-23.
[334] Vgl. Van Herck, P. u.a. (2010), S. 21-23.
[335] Vgl. Cahill, K., Perera, R. (2008), S. 6.
[336] Vgl. Giuffrida, A., Torgerson, D. J. (1997), S. 5.

Bereits im Jahr 1962 fanden sich erste Ansätze der qualitätsorientierten Vergütung von Patienten. Dabei erhielten an Schizophrenie Erkrankte für das Erledigen von Aufgaben, wie das Zusammenbauen einer Puppe, finanzielle Anreize. Ein Betrag von 0,025 Dollar wurde an eine Gruppe für 12 zusammengebaute Puppen ausgezahlt. Durch die Belohnung für das Erledigen von Aufgaben stieg die Motivation. Die kognitiven Funktionen wurden gestärkt, was zu einer Verbesserung des Behandlungsverlaufs und somit der Lebensqualität führte.[337]

Die erfolgsorientierte Vergütung für Patienten sollte sich laut *Bosch-Capblanch* und Kollegen auf Präventivmaßnahmen, wie z. B. den Bereich der Impfungen oder der Raucherentwöhnung konzentrieren, da hierauf seitens des Patienten am meisten Einfluss genommen werden kann. Belohnt werden neben der Teilnahme an Impfungen oder Sitzungen, auch Ergebnisgrößen, wie Gewichtsverlust bei Fettleibigkeit oder der Zeitraum der Abstinenz im Falle von Zigaretten-, Drogen- oder Alkoholabhängigkeit.[338]

Als monetäre Anreize können laut *Achat* und Kollegen neben Geldzahlungen auch Gutscheine oder Lotterieanreize eingesetzt werden. Bei Lotterieanreizen haben die Patienten die Chance einen Geldbetrag, meist zwischen 25 und 100 Dollar, zu gewinnen.[339] Daneben gibt es noch eine Reihe nicht-finanzieller Anreize, wie Geschenke oder kostenlose Dienstleistungen.[340] Auch eine Einbehaltung von vorher durch Teilnehmer eingezahltem Geld ist möglich. Zum Beispiel wird in dem Review von *Kane* und Kollegen in einem Raucherentwöhnungsprogramm der volle, im Vorhinein durch die Patienten entrichtete Betrag nur zurückerstattet, wenn eine Beendigung des Rauchens innerhalb eines vorher festgelegten Zeitraums nachgewiesen wird.[341] Laut *Achat* und Kollegen ist es bei dem Einsatz von Anreizen für Patienten entscheidend, diese den jeweiligen sozialen und kulturellen Umweltbedingungen anzupassen. Zum Beispiel sollten in Entwicklungslän-

[337] Vgl. Michalczuk, R., Mitchell, A. (2009), S. 9-11.
[338] Vgl. Bosch-Capblanch, X. u.a. (2007), S. 21.
[339] Vgl. Achat, H. u.a. (1999), S. 285-286.
[340] Vgl. Kane, R. u.a. (2004), S. 2-3.
[341] Vgl. Cahill, K., Perera, R. (2008), S. 4.

dern andere Anreize für eine Verhaltensänderung gewählt werden, als in Industrienationen. Dies betrifft sowohl die Anreizhöhe als auch die Anreizart. Während zusätzliche Essensrationen für Patienten in Entwicklungsländern für die Teilnahme an Impfsitzungen zu einer signifikanten Steigerung der Impfrate führten, würde dieser Anreiz in Ländern wie Deutschland oder England keinerlei Verhaltensänderung bewirken.[342]

Bezüglich der optimalen Anreizhöhe wird in der Übersichtsarbeit von *Kane* und Kollegen die Aussage getroffen, dass diese zwar groß genug sein sollte, um die Patienten zu einer Verhaltensänderung zu bewegen, jedoch sollte die intrinsische Motivation, z. B. das Rauchen aus eigenem Willen zu beenden, nicht durch eine zu hohe Bonuszahlung in den Hintergrund gerückt werden. Eine Rückkehr zum Ausgangslevel ist ansonsten nach Beendigung des Bonusprogramms zu erwarten.[343] Laut dem Review von *Paul-Ebhohimhen* und *Avenell* sollte die Anreizhöhe mindestens 1,2% des persönlich verfügbaren Einkommens betragen.[344] Bei dem Zeitpunkt der Anreizzahlung sollte laut *Lussier* und Kollegen berücksichtigt werden, dass der Bonus umgehend nach der Leistungsprüfung erfolgt, da so die Belohnung in direkte Verbindung mit der Verhaltensänderung gebracht wird und eine größere Wirkung zeigt.[345]

Zusammenfassend lässt sich in Bezug auf die qualitätsorientierte Bezahlung von Patienten sagen, dass bei Betrachtung der Reviews ein positiver Trend hin zu einer gesteigerten Compliance durch den Einsatz von finanziellen Anreizen zu erkennen ist, primär bei präventiven Maßnahmen. So lag die durchschnittliche Verbesserung laut dem Review von *Lussier* und Kollegen im Abstinenzbereich von Drogen und bei der Arzneimittel-Compliance bei 32%. Bei der Terminanwesenheit wurde eine Steigerung von 15% durch finanzielle Anreize erreicht.[346] Oft rei-

---

[342] Vgl. Achat, H. u.a. (1999), S. 286.
[343] Vgl. Cahill, K., Perera, R. (2008), S. 4; Kane, R. u.a. (2004), S. 2.
[344] Vgl. Paul-Ebhohimhen, V., Avenell, A. (2008), S. 362-366.
[345] Vgl. Lussier, J. P. u.a. (2006), S. 195-199.
[346] Vgl. Lussier, J. P. u.a. (2006), S. 192.

chen schon geringe Anreizhöhen aus, um eine Verhaltensänderung zu bewirken.[347]

[347] Vgl. Giuffrida, A., Torgerson, D. J. (1997), S. 705-706; Lagarde, M. u.a. (2009), S. 35.

5. Zusammenfassung und Diskussion

Diese Arbeit zeigt auf, dass es bei der Neuimplementierung von P4P-Programmen in Deutschland einige Herausforderungen zu berücksichtigen gilt. So müssen zunächst geeignete Indikatoren identifiziert und entwickelt werden, die speziell auf die jeweilige Diagnose und Umweltbedingungen angepasst sind und die Qualität der ärztlichen Leistung angebracht widerspiegeln.[348] Zudem besteht derzeit noch Uneinigkeit über die optimale Anreizausgestaltung in Bezug auf die Anreizhöhe, die Anreizdauer und weiterer Komponenten, die Leistungserbringer langfristig zu einer Verhaltensänderung bewegt. Nicht zu vernachlässigen ist, dass durch die qualitätsorientierte Vergütung auch unerwünschte Nebenwirkungen, wie z. B. die Patientenselektion, auftreten können.[349] Der in Kapitel 4 entwickelte Leitfaden bietet daher eine Hilfestellung bei der Bewältigung dieser Herausforderungen, indem er auf Basis von Erfahrungen aus international durchgeführten P4P-Programmen Hinweise bzw. Gefahrenstellen aufzeigt, die es bei dem Aufbau neuer Projekte in diesem Bereich zu beachten gilt. Im Folgenden werden die zentralen Erkenntnisse der Arbeit verdeutlicht, bevor auf Limitationen hingewiesen wird und die Forschungsfragen beantwortet werden (siehe Kapitel 5.1-5.3). Abschließend werden Aussagen zum zukünftigen Potenial von P4P in Deutschland gemacht (siehe Kapitel 5.4).

---

348 Vgl. KVB (2010), S. S. 9.
349 Vgl. Sikka, R. (2007), S. 757.

5.1 Key Lessons

Bei der Analyse von Übersichtsarbeiten im Bereich der qualitätsorientierten Vergütung ergaben sich folgende sieben wichtige Implikationen:[350]

- P4P-Programme müssen an die jeweiligen Umweltbedingungen angepasst werden. Daher ist ein Übertragen bisher erfolgreicher Projekte auf Deutschland nur beschränkt möglich

- Nur wenn der Anreiz groß genug ist, die Indikatoren flexibel gegenüber Veränderungen sind, die Patienten Einsatz zeigen und eine Kombination mit anderen Strategien erfolgt, ist mit einer langfristigen Qualitätsverbesserung zu rechnen

- Der finanzielle Anreiz sollte an alle beteiligten Personen eines Behandlungsprozesses gezahlt werden, um langfristig die Qualität der Versorgung zu steigern

- Unerwünschte Nebenwirkungen müssen einkalkuliert und gemindert werden

- Es sollte eine Veröffentlichung der durch P4P erfassten Leistungsdaten erfolgen

- Fehlende diagnosespezifische Qualitätsindikatoren und die noch nicht weitreichende Etablierung der elektronischen Patientenakte hemmen derzeit noch den Einsatz von P4P

- P4P wird großes Potenial zugeschrieben, zukünftig eine zentrale Rolle im deutschen Gesundheitswesen zu spielen

[350] Vgl. Christianson, J. B. u.a. (2008), S. 31-32; Fung, C. H. u.a. (2008), S. 123; Greene, S. E., Nash, D. B. (2009), S. 163; Pierce, R. G. u.a. (2007), S. 91-93; Schatz, M. (2008), S. 213-219.

Die Tabelle 16 fasst nochmals die 18 wichtigsten Fragen zusammen, die es in den verschiedenen Phasen der Implementierung eines neuen P4P-Programms zu klären gilt.

Phase 1: Analyse	
✓	1. Ist die Organisation dafür bereit?
✓	2. Sollte eine Zusammenarbeit mit anderen Zahlern erfolgen?
✓	3. Wann und wie sollen die Leistungserbringer in die Diskussion einbezogen werden?
Phase 2: Ausgestaltung	
✓	4. Auf welche Leistungserbringer sollte das Programm zunächst ausgerichtet werden?
✓	5. Was sind die Vor- und Nachteile einer individuellen als auch Gruppenbelohnung?
✓	6. Sollten nur Boni gezahlt werden oder sollten auch Strafzahlungen verhängt werden?
✓	7. Wie sollte der Bonus ausgestaltet sein?
✓	8. Sollten absolute Ziele oder die relative Verbesserung zu Vorjahreswerten als Basis für den Anreiz herangezogen werden?
✓	9. Wie sollte die stufenweise Einführung von P4P in unserem Fall erfolgen?
✓	10. Wie erfolgt die Finanzierung?
✓	11. Wie viel Geld sollte für die Belohnung der Leistung eingesetzt werden?
✓	12. Welche Messgrößen sind angebracht?
✓	13. Wie erfolgt die Dokumentation der ärztlichen Leistung?
Phase 3: Implementierung	
✓	14. Wie sollte die Risikoanpassung der Indikatoren erfolgen, um eine Selektion zu verhindern?
✓	15. Sollten die P4P-Leistungsdaten der Öffentlichkeit zur Verfügung gestellt werden?
✓	16. Sollte das Programm an die einzelnen Arztgruppen und Abteilungen angepasst werden?
Phase 4: Bewertung	
✓	17. Wie kann die Effektivität des Programms beurteilt werden?
✓	18. Welche unerwarteten Konsequenten gilt es zu berücksichtigen?

Tabelle 18: Checkliste für die Implementierung eines P4P-Programms[351]

[351] Quelle: Eigene Darstellung in Anlehnung an Dudley, R. A., Rosenthal, M. B. (2006), S. 4.

5.2 Limitationen

In der Arbeit wurde versucht auf qualitativ hochwertigem wissenschaftlichem Niveau zu arbeiten, um die Aussagefähigkeit der Ergebnisse zu stärken. So wurde z. B. eine Qualitätsbewertung der eingeschlossenen Studien durchgeführt und alle ausgeschlossenen Studien sind im Anhang mit Ausschlussgrund aufgelistet. Dennoch weist die Arbeit aufgrund begrenzter Zeit und finanzieller Mittel folgende Limitationen auf, die bei der Ergebnisdeutung berücksichtigt werden sollten:[352]

- Es werden nur fünf Datenbanken für die Recherche herangezogen
- Sowohl der Ausschluss themenfremder Studien als auch die Datenextraktion wurde nur von einem Reviewer durchgeführt
- Die Datenbankrecherche begrenzt sich primär auf Publikationen, die sich mit P4P im Leistungserbringersektor beschäftigen. P4P auf Patienten- und Arzneimittelebene konnten aufgrund von begrenztem Seitenumfang der Arbeit nicht ausführlich behandelt werden
- Die Durchführung einer Metaanalyse ist aufgrund der heterogenen Studienergebnisse nicht möglich
- Publikationsbias: Es wurden keine Expertengespräche durchgeführt, um unveröffentlichte Studien zu identifizieren
- Languagebias: Bei der Recherche wurden nur deutsch- und englischsprachige Übersichtsarbeiten berücksichtigt

[352] Vgl. Khan, K. u.a. (2004), S. 28.

5.3 Beantwortung der Forschungsfragen

Die bereits in Kapitel 1.3 definierten zentralen Forschungsfragen der Arbeit werden noch einmal in Abbildung 22 aufgegriffen und auf Basis der durch die Studien gewonnenen Erkenntnisse anschließend beantwortet.

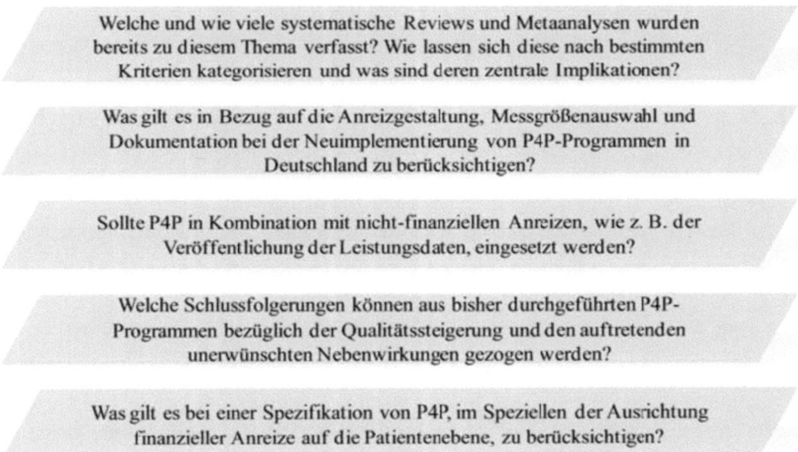

Abbildung 23: Forschungsfragen der Arbeit[353]

Wie sieht der aktuelle Forschungsstand im Bereich P4P aus?

Die im Rahmen der Arbeit durchgeführte Datenbankrecherche in den fünf Datenbanken The Cochrane Library, Medline, Embase, ISI-Web of Knowledge und Scopus mit einer Beschränkung auf Reviews und Metaanalysen führte zunächst zu 1906 Treffern. Nach dem Entfernen der Duplikate und einer Begutachtung von Titel und Abstract wurden themenfremde Studien ausgeschlossen. Es erfolgte eine Volltextanalyse der verbleibenden Studien und es wurde zusätzlich manuell nach weiteren Publikationen in Referenzlisten und im Internet gesucht. Letztendlich

353 Quelle: Eigene Darstellung.

werden 58 Übersichtsarbeiten in die Arbeit eingeschlossen, welche insgesamt 1107 unterschiedliche Primärstudien beinhalten.

Durch die in Kapitel 3.4.3 erstellten Kurzzusammenfassungen sowie die Übersichtstabellen im Anhang, in denen neben allgemeinen Informationen wie Autor und Titel auch Aussagen zu den wichtigsten Implikationen sowie weiteren Kriterien getroffen werden, kann der Leser sich schnell einen Überblick über vorhandene Reviews in Bezug auf unterschiedliche Fragestellungen im Bereich P4P verschaffen. Hierzu tragen auch die beiden in Kapitel 3.4.1 erstellten Mindmaps bei. In diesen wurden die eingeschlossenen Arbeiten nach elf Kriterien kategorisiert. Diese reichen von der Versorgungsart über die Empfängerebene bis zu Aussagen über unerwünschte Nebenwirkungen. Behandelt ein Review ein bestimmtes Unterthema von P4P, so wurde dieser der entsprechenden Kategorie zugeordnet.

Im Folgenden werden nun Hinweise für die Ausgestaltung eines neuen P4P-Projekts gegeben.

Wie sollten neue deutsche P4P-Programme hinsichtlich Messgrößen, Anreizen und der Leistungsdokumentation ausgestaltet werden?

Zunächst gilt es eine Entscheidung bezüglich der Versorgungsart zu treffen. Hierbei unterscheidet man vier mögliche Teilbereiche, nämlich den chronischen, den präventiven, den akuten sowie den rehabilitativen Sektor. P4P sollte derzeit hauptsächlich in den beiden erstgenannten Bereichen eingesetzt werden, da dort bereits einige Indikatoren vorhanden sind und größtenteils positive Ergebnisse in den Studien berichtet wurden.[354] Im Akutbereich, wie z. B. der Intensivmedizin, liegen oftmals zeitkritische und lebensgefährliche Situationen vor, die den Einsatz von P4P erschweren.[355] Doch auch hier ist ein kleiner Trend hin zu einer verbesserten Versorgung durch den Einsatz von finanziellen Anreizen zu erkennen.[356]

---

[354] Vgl. Achat, H. u.a. (1999), S. 285-286; Shi, Y. (2008), S. 9; Stone, E. G. u.a. (2002), S. 646.
[355] Vgl. Glickman, S. W. u.a. (2008), S. 622.
[356] Vgl. Baker, W. E. (2009), S. 622-623; Glickman, S. W. u.a. (2008), S. 622-631; Khanduja, K. u.a. (2009), S. 854.

Im Rehabilitationsbereich fehlt es noch an Studien, um eine Aussage bezüglich der Effektivität von P4P zu treffen.

Nach der Festlegung der Versorgungsart sollten auf lokale Umweltbedingungen und den Diagnosebereich angepasste Messgrößen zur Erfassung der ärztlichen Leistung identifiziert und entwickelt werden. Dabei unterscheidet man Struktur-, Prozess-, und Ergebnisindikatoren, welche bereits in Kapitel 2.1.5 genauer erklärt wurden.[357] Derzeit werden noch hauptsächlich Prozess- und Strukturindikatoren zur Leistungsmessung eingesetzt, da diese einfach zu erfassen sind und von den meisten Leistungserbringern akzeptiert werden. Jedoch führt eine Verbesserung dieser Indikatoren nicht zwangsläufig zu einer verbesserten Behandlungsqualität.[358] Mit zunehmender und verbesserter Studienlage steigt die Anzahl an Indikatoren, die sich auf das letztendliche Behandlungsergebnis beziehen.[359] Dabei spielt die Ermittlung der Patientenzufriedenheit eine immer zentralere Rolle.[360] Um einen durchgehend qualitativ hochwertigen Behandlungsprozess zu gewährleisten, ist es sinnvoll Struktur-, Prozess- und Ergebnisindikatoren kombiniert zur Leistungsmessung heranzuziehen.[361] Zudem ist es sinnvoll, die Leistungserbringer in den Auswahlprozess der Messgrößen einzubeziehen, da so zum Einen deren praktische Erfahrungen einfließen und zum Anderen mit einer gesteigerten Akzeptanz gerechnet werden kann.[362]

Initiatoren neuer P4P-Programme stehen bei der Ausgestaltung der Anreize vor einer großen Bandbreite an Entscheidungsmöglichkeiten. Neben der Empfängerebene sollte man sich z. B. Gedanken über die Bemessungsgrundlage, die optimale Anreizhöhe und –dauer sowie die Finanzierung der Anreize Gedanken machen.[363] Je nach Diagnose, Gesundheitssystem sowie Arzt-, Patienten- und Zah-

[357] Vgl. Baker, W. E. (2009), S. 620-621; Emmert, M. (2008), S. 18; Giuffrida, A. u.a. (2000), S. 5.
[358] Vgl. Baker, W. E. (2009), S. 620-621.
[359] Vgl. Amelung, V. E., Zahn, T. P. (2009), S. 57-64.
[360] Vgl. Chien, A. T. u.a. (2007), S. 284.
[361] Vgl. Gonzalez, C. M. u.a. (2007), S. 403-404; Van Herck, P. u.a. (2010), S. 21-23.
[362] Vgl. Khanduja, K. u.a. (2009), S. 852.
[363] Vgl. Armour, B. S. u.a. (2001), S. 1264; Christianson, J. B. u.a. (2007), S. 20; Greene, S. E., Nash, D. B. (2009), S. 163; Van Herck, P. u.a. (2010), S. 21-23.

lercharakteristika sollte die Bonuszahlung individuell ausgestaltet werden, jedoch lassen sich allgemeine Empfehlungen ableiten.

Bei der Entscheidung bezüglich der Anreizhöhe sollte darauf geachtet werden, dass mindestens die Kosten, die dem Leistungserbinger für die Implementierung und die Qualitätsverbesserung anfallen, durch die Bonuszahlungen gedeckt werden.[364] Verschiedene Reviews nennen eine optimale Anreizhöhe von mindestens 5% der bisherigen Praxiseinnahmen, die als Richtwert herangezogen werden kann.[365]

Da nur die zur Verfügung stehenden Gelder für Boni genutzt werden können, gilt es sich Gedanken über die Beschaffung von Finanzmitteln zu machen. Hierbei gibt es mehrere Möglichkeiten, die von der Gründung eines neuen Fonds bis zu einer Umverteilung von Geldern reicht. Neue Finanzmittel werden zwar seitens der Leistungserbringer präferiert, sind jedoch aufgrund des derzeitigen Kostendrucks langfristig ohne entsprechende Sponsoren nicht möglich.[366]

Als optimalen Zeitpunkt der Bonuszahlung empfehlen die Übersichtsarbeiten, dass die Auszahlung an die Ärzte umgehend nach der Leistungsmessung erfolgen sollte, um die Verhaltensänderung in direkten Zusammenhang mit der Belohnung zu bringen.[367]

In Bezug auf die Empfängerebene liegen gemischte Meinungen vor. In zukünftigen Arbeiten sollte noch genauer geklärt werden, in welchen Situationen der Anreiz auf individueller oder auf Gruppenebene angebrachter ist. Erfolgt die Zahlung auf Gruppenebene, so ist es wichtig, dass der Bonus an die Ärzte, das Pflegepersonal und andere an der Versorgung des Patienten beteiligte Personen wei-

---

[364] Vgl. Briesacher, B. A. u.a. (2009), S. 4; Christianson, J. B. u.a. (2007), S. 12.
[365] Vgl. Petersen, L. A. u.a. (2006), S. S. 267-268; Sorbero, M. E. u.a. (2006), S. 29.
[366] Vgl. Christianson, J. B. u.a. (2007), S. 20.
[367] Vgl. Petersen, L. A. u.a. (2006), S. 267-269.

tergegeben wird, die ihren Beitrag zur Qualitätsverbesserung geleistet haben, um langfristige Erfolge zu erzielen.[368]

Werden Strafzahlungen eingesetzt, so ist darauf zu achten, dass diese nicht umgehend bei der Neuimplementierung eines P4P-Programms eingeführt werden. Leistungserbringern sollte eine gewisse Vorlaufzeit geboten werden, um sich auf mögliche finanzielle Konsequenzen einstellen zu können.[369]

Bei der Auswahl der Bemessungsgrundlage für die Bonuszahlung sollte man sich nicht ausschließlich an absolut festgelegten Leistungszielen orientieren, sondern auch bisher Leistungsschwache für eine relative Qualitätsverbesserung im Vergleich zu Vergangenheitswerten belohnen. Eine Kombination der beiden Methodiken wird als sinnvoll erachtet[370]

Im Hinblick auf die Dokumentation der durch die Leistungserbringer erbrachten Qualität bietet die elektronische Patientenakte einige Vorteile gegenüber Abrechnungsdaten und der Krankengeschichte. So können z. B. Fehler bei der Erfassung gemindert werden und eine schnellere, standardisierte Auswertung der Leistungsdaten ist möglich. Zwar wird die elektronische Patientenakte bereits von einigen Leistungserbringern genutzt, jedoch wird eine weitreichende Implementierung durch die derzeit noch hohen Implementierungskosten gehemmt.[371] Die Zahler sollten die Leistungserbringer sowohl finanziell als auch technisch bei der Errichtung solch eines Systems unterstützen. [372] In naher Zukunft wird sich diese Art der Leistungsabrechnung durchsetzen.[373]

Auch der Einsatz nicht-finanzieller Anreize stellt eine Möglichkeit dar, die Leistungserbringer zu einer Verhaltensänderung hin zu einer verbesserten Behand-

[368] Vgl. Christianson, J. B. u.a. (2008), S. 9.
[369] Vgl. Custers, T. u.a. (2008), S. 6.
[370] Vgl. Amelung, V. E., Zahn, T. P. (2009), S. 57-64.
[371] Vgl. De Brantes, F. u.a. (2008), S. 366-367; Pierce, R. G. u.a. (2007), S. 91.
[372] Vgl. Gonzalez, C. M. u.a. (2007), S. 404.
[373] Vgl. Amelung, V. E., Zahn, T. P. (2009), S. 57-64.

lungsqualität zu bewegen. Diesem Aspekt widmet sich die folgende Forschungsfrage.

Ist ein kombinierter Einsatz von P4P mit nicht-finanziellen Anreizen sinnvoll?

Es bietet sich an, die bereits für die Bemessung der Bonuszahlungen ermittelten Qualitätsindikatoren auch der Öffentlichkeit zur Verfügung zu stellen. Die erhöhte Transparenz hat zur Folge, dass Patienten, Angehörige und andere Ärzte auf Basis dieser Daten informierter Entscheidungen bei der Auswahl eines geeigneten Leistungserbringers treffen können.[374] Dies führt zu einer Konkurrenzsituation und motiviert Ärzte zu einer qualitativ hochwertigen Patientenversorgung.[375] Mehrere Studien zeigen, dass sowohl im ambulanten, als auch stationären Sektor, der Einsatz von PR zu Qualitätsverbesserung führt.[376] Erhebliche Auswirkungen von PR auf die Behandlungsqualität waren besonders bei Krankenhäusern ersichtlich, welche vor der Veröffentlichung der Daten eher auf geringerem Leistungsniveau arbeiteten.[377] Es sollte jedoch die Gefahr berücksichtigt werden, dass die Rankings von den Patienten falsch gedeutet oder fehlerhafte Daten veröffentlicht werden.[378]

Interne Feedbackgespräche oder -reporte, die quartalsweise oder jährlich erfolgen, werden in den meisten P4P-Programmen durchgeführt.[379] Durch die Rückmeldung der gemessenen Daten können die Leistungserbringer Schwachstellen in ihrem Behandlungsprozess aufdecken und dort ihre Leistung verbessern. Dies sollte Teil der qualitätsorientierten Vergütung sein, da mit geringem finanziellem Aufwand eine große Wirkung erzielt werden kann.[380]

---

[374] Vgl. Frolich, A. u.a. (2007), S. 180; Fung, C. H. u.a. (2008), S. 111; Gelfand, E. W. u.a. (2006), S. 299; Pierce, R. G. u.a. (2007), S. 90-91.
[375] Vgl. Chien, A. T. u.a. (2007), S. 284.
[376] Vgl. Frolich, A. u.a. (2007), S. 187; Fung, C. H. u.a. (2008), S. 123; Sorbero, M. E. u.a. (2006), S. 46.
[377] Vgl. Frolich, A. u.a. (2007), S. 187.
[378] Vgl. Pierce, R. G. u.a. (2007), S. 90-91.
[379] Vgl. Rosenthal, M. B., Frank, R. G. (2006), S. 141-145; Sorbero, M. E. u.a. (2006), S. 37.
[380] Vgl. Fung, C. H. u.a. (2008), S. 111.

Eine Reihe an weiteren nicht-finanziellen Qualitätsverbesserungsstrategien wie Organisationsveränderungen, Massenmedienkampagnen oder auch Erinnerungssysteme werden in den Übersichtsarbeiten vorgestellt. Diese Maßnahmen werden jedoch meist unabhängig von P4P eingesetzt. Dennoch sollten sie bei der Neuimplementierung eines P4P-Programms als potentielle Alternative berücksichtigt werden, da unter bestimmten Voraussetzungen durch diese Maßnahmen gleichwertige Qualitätsverbesserungen mit einem besseren Kosten-Nutzen-Verhältnis möglich sein können.[381]

Bei der Analyse der eingeschlossenen Studien ergaben sich durch den Einsatz der qualitätsorientierten Vergütung verschiedene Auswirkungen sowohl positiver als auch negativer Art. Die wichtigsten Ergebnisse werden im Folgenden dargestellt.

Welche Schlussfolgerungen können bezüglich Qualitätssteigerung und unerwünschter Nebenwirkungen gezogen werden?

Das zentrale Ziel eines Vergütungssystems im Gesundheitswesen sollte die Steigerung der Behandlungsqualität sein. Durch den Einsatz der qualitätsorientierten Vergütung ist ein positiver Trend in diese Richtung zu beobachten. Laut *Van Herck* und Kollegen, die in ihrem Review eine große Anzahl an Studien untersuchen, ist eine durchschnittliche Qualitätsverbesserung von 5% durch den Einsatz von finanziellen Anreizen ersichtlich.[382] Auch das im Jahr 2004 eingeführte britische P4P-Programm QOF führte zu Verbesserungen in nahezu allen Prozess- und Outcomeindikatoren.[383] Vereinzelt zeigte die qualitätsorientierte Vergütung nicht die gewünschte Wirkung, wie z. B. im Bereich des Krebsscreenings. Die teilweise noch zu geringe Anreizhöhe kann als Grund hierfür genannt werden.[384]

Die isolierte Erfassung und Beurteilung der Effektivität von P4P stellt sich als schwer heraus, da finanzielle Anreize oft in Kombination mit einer Reihe an an-

---

[381] Vgl. Stone, E. G. u.a. (2002), S. 647-648.
[382] Vgl. Van Herck, P. u.a. (2010), S. 3-4.
[383] Vgl. Khunti, K. u.a. (2007), S. 1438-1439.
[384] Vgl. Armour, B. S., Pitts, M. M. (2003), S. 144; Briesacher, B. A. u.a. (2009), S. 2.

deren teilweise nicht-monetären Qualitätsverbesserungsstrategien eingesetzt werden. Zudem haben Trends, wie z. B. ein gesteigertes Gesundheitsbewusstsein der Patienten, einen erheblichen Einfluss auf das Ergebnis. Kontrollgruppen können zur Lösung dieses Problems beitragen, werden derzeit aufgrund des zusätzlichen Aufwands aber nur von wenigen Studien verwendet.[385]

Es ist zu berücksichtigen, dass die qualitätsorientierte Vergütung wie nahezu jedes andere Vergütungssystem im Gesundheitswesen nicht nur positive Eigenschaften aufweist. Es gibt stets Leistungserbringer, die versuchen Lücken im System auszunutzen und sich einen Wettbewerbsvorteil gegenüber Anderen verschaffen wollen. Die Vermeidung und kontinuierliche Überwachung von unerwünschten Nebenwirkungen ist daher ein entscheidender Aspekt für den langfristigen Erfolg eines neuen P4P-Projekts. So kann es z. B. seitens der Leistungserbringer zu einer Selektion bestimmter Personengruppen kommen. Patienten, deren Behandlung mit einer hohen Wahrscheinlichkeit zum Erfolg führt und deren Diagnose Teil des Bonusprogramms ist, werden bevorzugt behandelt.[386] Um dieses Problem zu mindern, sollte eine Risikoanpassung der Messgrößen auf Basis von Gesundheitsstatus, Bevölkerungsgruppe oder soziökonomischem Status erfolgen.[387] Zudem sollte dem Leistungserbringer die Möglichkeit des Exception Reporting geboten werden. Unter Begründung können Patienten aus der Kalkulation herausgenommen werden, wenn diese eine besonders aufwendige Behandlung benötigen, die von der normalen Versorgung abweicht. Gäbe es diese Möglichkeit nicht, so würde sich die Behandlung solcher Patienten negativ auf die Qualitätsindikatoren auswirken.[388] Weitere unerwünschte Nebenwirkungen mit möglichen Lösungsvorschlägen sind im Kapitel 4.4 zu finden.

---

[385] Vgl. Christianson, J. B. u.a. (2007), S. 7; Sorbero, M. E. u.a. (2006), S. 29-32.
[386] Vgl. Alshamsan, R. u.a. (2010b), S. 183; Custers, T. u.a. (2008), S. 7; Kalk, A. u.a. (2010), S. 184; Oxman, A. D., Fretheim, A. (2009), S. 78-79; Pierce, R. G. u.a. (2007), S. 92; Rosenthal, M. B. u.a. (2004), S. 139.
[387] Vgl. Chien, A. T. u.a. (2007), S. 286; Pierce, R. G. u.a. (2007), S. 91.
[388] Vgl. Khunti, K. u.a. (2007), S. 1440.

Die Zahlung von finanziellen Anreizen für eine Verhaltensänderung wird zunehmend auch im Bereich der Patienten und Arzneimittel eingesetzt, worauf im Folgenden näher eingegangen wird.

Was gilt es bei einer Spezifikation von P4P, im Speziellen der Ausrichtung finanzieller Anreize auf die Patientenebene, zu berücksichtigen?

Wie der Review von Dudley und Kollegen zeigt, weisen Indikatoren, die wenig Patientenkooperation benötigen, besonders hohe Qualitätssteigerungsraten auf.[389] Dies bestätigt die Vermutung, dass das Behandlungsergebnis in den meisten Fällen von der Mitwirkung des Patienten abhängt, was auch als Compliance bezeichnet wird. Hält sich der Erkrankte nicht an die ärztlichen Anweisungen, so wirkt sich dies negativ auf den Behandlungsverlauf aus. Obwohl Leistungserbringer hierauf nahezu keinen Einfluss haben, müssen sie mit geringeren Bonuszahlungen im Falle der qualitätsorientierten Vergütung rechnen. Deshalb sollten auch Patienten mittels Anreizen sowohl finanzieller als auch nicht-finanzieller Natur zu einer Steigerung der Patientenkooperation bewegt werden.[390] Die Bonuszahlungen oder nicht-monetären Anreize wie Geschenke sollten auf die jeweiligen Patientencharakteristika angepasst werden. So sind z. B. in Entwicklungsländern Anreize wie zusätzliche Essensrationen angebrachter als in hochentwickelten Ländern.[391] Auf Patientenebene reichen oft schon geringe Anreizhöhen aus, um eine Verhaltensänderung zu bewirken.[392] P4P für Patienten wird vor allem im Bereich der Präventivmaßnahmen eingesetzt, da der Patient hierauf einen entscheidenden Einfluss hat.[393] Als Beispielbereiche sind Impfungen oder die Raucherentwöhnung zu nennen.[394] In den Studien wurden positive Auswirkungen durch den Einsatz finanzieller Anreize berichtet. Die Effekte sind jedoch meist nur kurzfristig und es

[389] Vgl. Dudley, R. A. u.a. (2004), S. 1-61.
[390] Vgl. Bosch-Capblanch, X. u.a. (2007), S. 21.
[391] Vgl. Achat, H. u.a. (1999), S. 285-288; Kane, R. u.a. (2004), S. 2-3.
[392] Vgl. Giuffrida, A., Torgerson, D. J. (1997), S. 705-706.
[393] Vgl. Bosch-Capblanch, X. u.a. (2007), S. 21.
[394] Vgl. Achat, H. u.a. (1999), S. 285-288; Cahill, K., Perera, R. (2008), S. 1-11.

kommt häufig zu einem Rückfall nach der Beendigung des Programms.[395] Daher sollten Beratungen und weitere Maßnahmen in Kombination mit P4P eingesetzt werden. Mit dem zukünftigen Potenial von P4P im Leistungserbringerbereich beschäftigt sich nun das letzte Unterkapitel.

5.4 Wie steht es um das zukünftige Potenial von P4P in Deutschland?

„Die Zeit des Lamentierens ist vorbei. Qualität spart langfristig Geld."[396] Dies waren die Worte von *Thomas Mansky*, Professor der technischen Universität in Berlin, in Bezug auf die Entwicklung des deutschen Gesundheitswesens. Käufer von Gesundheitsdienstleistungen, politische Entscheidungsträger, Patientenorganisationen, Wissenschaftlern, Versicherer und eine zunehmende Zahl von Anbietern sehen finanzielle Anreize für Ärzte zur Erreichung bestimmter Qualitäts-Benchmarks als Zukunftstrend.[397]

Bevor die qualitätsorientierte Vergütung jedoch ein zentraler Bestandteil des deutschen Gesundheitswesens werden kann, ist es notwendig, dass die Behandlungsleistung transparent, sektorübergreifend und mit geringem Verwaltungsaufwand erfasst und ausgewertet werden kann. In diesem Zusammenhang kann z. B. die weitreichende Implementierung der elektronischen Patientenakte genannt werden. Deren Einrichtung ist zwar zunächst mit erheblichen finanziellen Kosten verbunden, wird sich jedoch langfristig lohnen.[398]

Aufgrund der erschwerten Übertragbarkeit von internationalen Ergebnissen fehlt es in Deutschland derzeit noch an Erfahrungen bezüglich eines optimalen Designs der Programme. Die Entwicklung von P4P-Projekten ist gerade unter neuen Umweltbedingungen größtenteils ein learning-by-doing Prozess. Daher können unerwartete Konsequenzen auftreten, die es durch die Integration von entsprechenden

395 Vgl. Achat, H. u.a. (1999), S. 285-288; Bosch-Capblanch, X. u.a. (2007), S. 27; Cahill, K., Perera, R. (2008), S. 5.
396 Pharmazeutische Zeitung (2010), S. 1.
397 Vgl. Greene, S. E., Nash, D. B. (2009), S. 140; Pierce, R. G. u.a. (2007), S. 93.
398 Vgl. Pharmazeutische Zeitung (2010), S. 1.

Elementen zu mindern gilt. Es ist zudem sehr wichtig, die Programme auch nach der Einführung zu beobachten, zu bewerten und fortwährend die Ziele, Anreize und Messgrößen anzupassen.[399]

Abschließend kann gesagt werden, dass es sich bei der qualitätsorientierten Vergütung um kein Wundermittel handelt, es aber unter den derzeitigen Umständen die beste Möglichkeit bietet, die Patienten mit einer sicheren, erschwinglichen und qualitativ hochwertigen Behandlung zu versorgen.[400] Neben den Patienten profitieren auch die Leistungserbringer und sowohl den ansteigenden Kosten als auch der sinkenden Versorgungsqualität wird Rechnung getragen.[401] „Financial Incentives in the hand of good managers and doctors may result in better quality of care, providing that the evidence exists to show which care and how much care is enough."[402]

P4P ist nicht einfach ein Vergütungssystem, das diejenigen belohnt, die hohe Leistung erbringen oder zu einer Kostensenkung beitragen. Die zentrale Absicht ist es, finanzielle Anreize so zu koordinieren, dass die Leistungserbringer zu einer fortwährenden Qualitätsverbesserung ermutigt werden, welche eine langfristig qualitativ hochwertige Versorgung Aller gewährleistet.[403]

---

[399] Vgl. Custers, T. u.a. (2008), S. 11-12.
[400] Vgl. Pierce, R. G. u.a. (2007), S. 94.
[401] Vgl. Gelfand, E. W. u.a. (2006), S. 298-305.
[402] Chaix-Couturier, C. u.a. (2000), S. 139.
[403] Vgl. Institute of Medicine (2007), S. 2.

Literaturverzeichnis

Achat, H., McIntyre, P., Burgess, M. (1999)
Health care incentives in immunisation, in: Australian and New Zealand Journal of Public Health 23, 3, S. 285-288.

Aerztezeitung (2009a)
KBV will Qualität besser vergleichbar machen, in: Aerztezeitung 106, 25, S. 1286-1287.

Aerztezeitung (2009b)
Zusätzliches Geld für mehr Qualität bewirkt keine Wunder, in: Aerztezeitung 106, 25, S. 1284.

Aerztezeitung (2009c)
Zusatzhonorar für Qualität bewirkt keine Wunder, online verfügbar: http://www.aerzteblatt.de/nachrichten/36458/Zusatzhonorar_fuer_Zusatzqualitaet_bewirkt_keine_Wunder.htm [Stand: 22.02.2011].

Aerztezeitung (2010a)
AOK und AQUA stellen neue QISA-Bände vor, online verfügbar: http://www.aerzteblatt.de/v4/news/news.asp?id=43269 [Stand: 12.02.2011].

Aerztezeitung (2010b)
Es mangelt an Qualität, Wettbewerb und Transparenz, online verfügbar: http://www.aerztezeitung.de/politik_gesellschaft/article/600811/mangelt-qualitaet-wettbewerb-transparenz.html [Stand: 22.01.2011].

Aerztezeitung (2010c)
Munte: Pay for Performance ist erfolgreich, in: Aerztezeitung 29, 217, S. 1-14.

Aerztezeitung (2011)
Großbritannien: Pay-per-Performance bei Hypertonie gescheitert, online verfügbar: http://www.aerzteblatt.de/nachrichten/44441/Grossbritannien_Pay-per-Performance_bei_Hypertonie_gescheitert.htm [Stand: 13.02.2011].

Alshamsan, R., Majeed, A., Ashworth, M., Car, J., Millett, C. (2010b)
Impact of pay for performance on inequalities in health care: systematic review, in: Journal of Health Services Research & Policy 15, 3, S. 178-184.

Amelung, V. E., Zahn, T. P. (2009)
Pay for Performance (P4P)- Der Business Case für Qualität?, Berlin, online verfügbar: http://www.fmc.ch/uploads/tx_templavoila/P4P-Studie_Amelung_DxCG_v0.5.pdf [Stand: 10.11.2010].

Amelung, V., Zippan, N., Mutegi, C., Zahn, T. (2009)
Monetäre Anreize gezielt einsetzen-das Konzept qualitätsorientierter Vergütung, in: Versorgungsforschungsmonitor, 6, S. 25-31.

Amin, A. N., Deitelzweig, S. B. (2009)
Optimizing the prevention of venous thromboembolism: recent quality initiatives and strategies to drive improvement, in: Joint Commission Journal on Quality and Patient Safety 35, 11, S. 558-564.

Anderson, P. (2009)
Overview of interventions to enhance primary-care provider management of patients with substance-use disorders, in: Drug and Alcohol Review 28, 5, S. 567-574.

Annemans, L., Borgermans, L., Heyrman, J. (2009)
Advantages, disadvantages and feasibility of the introduction of 'Pay for Quality' programmes in Belgium, Brüssel, KCE-Verlag.

AOK (2009)
Qualität in der Arztpraxis messbar machen, online verfügbar: http://www.aok-gesundheitspartner.de/bund/qisa/presse/index_02789.html [Stand: 12.02.2011].

Armour, B. S., Pitts, M. M., Maclean, R., Cangialose, C., Kishel, M., Imai, H., Etchason, J. (2001)
The effect of explicit financial incentives on physician behavior, in: Archives of internal medicine 161, 10, S. 1261-1266.

Armour, B. S., Pitts, M. M. (2003)
Physician financial incentives in managed care: Resource use, quality and cost implications, in: Disease Management and Health Outcomes 11, 3, S. 139-147.

Arnold, M., Litsch, M., Schwartz, F. W. (2000)
Krankenhaus-Report '99: Schwerpunkt: Versorgung chronisch Kranker, Stuttgart, Schattauer-Verlag

Australian Goverment (2009)
General Practice Immunisation Incentive Guidelines, online verfügbar: http://www.actdgp.asn.au/content/Document/New%20site%20folders/Resources/Immunisation/General%20practice%20immunisation%20incentive%20guidelines_Feb09.pdf [Stand: 09.11.10].

Baker, G. (2003)
Pay for Performance Incentive Programs in Health Care: Market Dynamics and Business Process, San Francisco, ViPS Inc and Med-Vantage-Verlag.

Baker, W. E. (2009)
Evaluation of Physician Competency and Clinical Performance in Emergency Medicine, in: Emergency Medicine Clinics of North America 27, 4, S. 615-626.

Becker, T., Bäuml, J., Pitschel-Walz, G., Weig, W. (2007)
Rehabilitation bei schizophrenen Erkrankungen: Konzepte-Interventionen-Perspektiven, Köln, Deutscher Ärzte-Verlag.

Bosch-Capblanch, X., Abba, K., Prictor, M., Garner, P. (2007)
Contracts between patients and healthcare practitioners for improving patients' adherence to treatment, prevention and health promotion activities, in: Cochrane Database Systematic Review, 2, S. 1-71.

Briesacher, B. A., Field, T. S., Baril, J., Gurwitz, J. H. (2009)
Pay-for-performance in nursing homes, in: Health Care Financing Review 30, 3, S. 1-13.

Burgdorf, F., Kleudgen, S., Diel, F. (2009)
Pay for Performance: Wege zur qualitätsorientierten Vergütung, in: Deutsches Ärzteblatt 106, 44, S. 2190.

Cahill, K., Perera, R. (2008)
Competitions and incentives for smoking cessation, in: Cochrane Database Systematic Review, 3, S. 1-38.

Campbell, S. M., Reeves, D., Kontopantelis, E., Sibbald, B., Roland, M. (2009)
Effects of Pay for Performance on the Quality of Primary Care in England, in: New England Journal of Medicine 361, 4, S. 368-378.

Cannon, M. F. (2007)
Pay-for-performance: Is Medicare a good Candidate?, in: Yale Journal of Health Policy Law Ethics 7, 1, S. 1-38.

Carlson, J. J., Sullivan, S. D., Garrison, L. P., Neumann, P. J., Veenstra, D. L. (2010)
Linking payment to health outcomes: A taxonomy and examination of performance-based reimbursement schemes between healthcare payers and manufacturers, in: Health Policy 96, 3, S. 179-190.

Chaix-Couturier, C., Durand-Zaleski, I., Jolly, D., Durieux, P. (2000)
Effects of financial incentives on medical practice: results from a systematic review of the literature and methodological issues, in: International Journal for Quality in Health Care 12, 2, S. 133-142.

Chenot, R. (2007)
Leistungsbezogene Bezahlung für Allgemeinärzte: Das englische Experiment, in: Zeitschrift für Allgemeinmedizin 83, 6, S. 242-264.

Chien, A. T., Chin, M. H., Davis, A. M., Casalino, L. P. (2007)
Pay for performance, public reporting, and racial disparities in health care: How are programs being designed?, in: Medical Care Research and Review 64, 5 Suppl., S. 282-304.

Christianson, J. B., Leatherman, S., Sutherland, K. (2007)
Financial Incentives, Healthcare Providers and Quality Improvements: a Review of the Evidence, London, The Health Foundation-Verlag.

Christianson, J. B., Leatherman, S., Sutherland, K. (2008)
Lessons From Evaluations of Purchaser Pay-for-Performance Programs A Review of the Evidence, in: Medical Care Research and Review 65, 6, S. 5-35.

Compas, C., Hopkins, K. A., Townsley, E. (2008)
Best practices in implementing and sustaining quality of care. A review of the quality improvement literature, in: Journal of Gerontology Nurse 1, 3, S. 209-216.

Cone, D., Nedza, S., Augustine, J., Davidson, S. (2002)
Quality in Clinical Practice, in: Academic Emergency Medicine 9, 11, S. 1085-1090.

CRD (2009)
Systematic Reviews: CRD's guidance for undertaking reviews in health care, University of York, York.

Custers, T., Hurley, J., Klazinga, N. S., Brown, A. D. (2008)
Selecting effective incentive structures in health care: A decision framework to support health care purchasers in finding the right incentives to drive performance, in: BMC Health Services Research Journal, 8, S. 66.

de Brantes, F., Wickland, P. S., Williams, J. P. (2008)
The value of ambulatory care measures: A review of clinical and financial impact from an employer/payer perspective, in: American Journal of Managed Care 14, 6, S. 360-368.

De Vos, M., Graafmans, W., Kooistra, M., Meijboom, B., Van Der Voort, P., Westert, G. (2009)
Using quality indicators to improve hospital care: a review of the literature, in: International Journal for Quality in Health Care 21, 2, S. 119-129.

Deas Jr., T. M. (2006)
Health Care Value-Based Purchasing, in: Gastrointestinal Endoscopy Clinics of North America 16, 4, S. 643-656.

Doran, T., Fullwood, C. (2007)
Pay for performance: Is it the best way to improve control of hypertension?, in: Current Hypertension Reports 9, 5, S. 360-367.

Dreier, M., Borutta, B., Stahmeyer, J., Krauth, C., Walter, U. (2010)
Vergleich von Bewertungsinstrumenten für die Studienqualität von Primär- und Sekundärstudien zur Verwendung für HTA-Berichte im deutschsprachigen Raum, Health Technology Assessment, Köln.

Dudley, R. A., Frolich, A., Robinowitz, D. L., Talavera, J. A., Broadhead, P., Luft, H. S. (2004)
Strategies To Support Quality-based Purchasing: A Review of the Evidence, Agency for Healthcare Research and Quality, Rockville.

Dudley, R. A., Rosenthal, M. B. (2006)
Pay for Performance: A Decision Guide for Purchasers, Agency for Healthcare Research and Quality, Rockville.

Eldridge, C., Palmer, N. (2009)
Performance-based payment: some reflections on the discourse, evidence and unanswered questions, in: Health Policy and Planning 24, 3, S. 160-166.

Emmert, M. (2008)
Pay for Performance (P4P) im Gesundheitswesen: Ein Ansatz zur Verbesserung der Gesundheitsversorgung?, Norderstedt, Books on Demand.

Fenter, T. C., Lewis, S. J. (2008)
Pay-for-performance initiatives, in: Journal of Managed Care Pharmacy 14, 6, S. 12-15.

Fleßa, S. (2007)
Grundzüge der Krankenhausbetriebslehre, München, Oldenbourg Wissenschafts verlag.

Frolich, A., Talavera, J. A., Broadhead, P., Dudley, R. A. (2007)
A behavioral model of clinician responses to incentives to improve quality, in: Health Policy 80, 1, S. 179-193.

Fung, C. H., Lim, Y. W., Mattke, S., Damberg, C., Shekelle, P. G. (2008)
Systematic review: The evidence that publishing patient care performance data improves quality of care, in: Annals of Internal Medicine 148, 2, S. 111-123.

Fung, V., Schmittdiel, J. A., Fireman, B., Meer, A., Thomas, S., Smider, N., Hsu, J., Selby, J. V. (2010)
Meaningful variation in performance: a systematic literature review, in: Medical Care 48, 2, S. 140-148.

Gelfand, E. W., Colice, G. L., Fromer, L., Bunn Iii, W. B., Davies, T. J. (2006)
Use of the Health Plan Employer Data and Information Set for measuring and improving the quality of asthma care, in: Annals of Allergy, Asthma and Immunology 97, 3, S. 298-305.

Giuffrida, A., Torgerson, D. J. (1997)
Should we pay the patient? Review of financial incentives to enhance patient compliance, in: British Medical Journal 315, 7110, S. 703-707.

Giuffrida, A., Gosden, T., Forland, F., Kristiansen, I. S., Sergison, M., Leese, B., Pedersen, L., Sutton, M. (2000)
Target payments in primary care: effects on professional practice and health care outcomes, in: Cochrane Database of Systematic Reviews, 3, S. 1-12.

Glickman, S. W., Schulman, K. A., Peterson, E. D., Hocker, M. B., Cairns, C. B. (2008)
Evidence-based perspectives on pay for performance and quality of patient care and outcomes in emergency medicine, in: Annals of Emergency Medicine 51, 5, S. 622-631.

Gonzalez, C. M., Penson, D., Kosiak, B., Dupree, J., Clemens, J. Q. (2007)
Pay for performance: Rationale and potential implications for urology, in: Journal of Urology 178, 2, S. 402-408.

Greene, S. E., Nash, D. B. (2009)
Pay for performance: an overview of the literature, in: American Journal of Medical Quality 24, 2, S. 140-163.

Guba, B. (2007)
Systematische Literatursuche, in: Wiener medizinische Wochenschrift 158, 1-2, S. 62-69.

Harbaugh Jr., N. (2009)
Pay for Performance: Quality- and Value-Based Reimbursement, in: Pediatric Clinics of North America 56, 4, S. 997-1007.

Higgins, J., Green, S. (2008)
Cochrane handbook for systematic reviews of interventions, New Jersey, Wiley-Blackwell-Verlag.

Hrisos, S., Eccles, M. P., Francis, J. J., Dickinson, H. O., Kaner, E. F., Beyer, F., Johnston, M. (2009)
Are there valid proxy measures of clinical behaviour? A systematic review, in: Implementation Science, 4, S. 37.

Hussey, P. S., de Vries, H., Romley, J., Wang, M. C., Chen, S. S., Shekelle, P. G., McGlynn, E. A. (2009)
A systematic review of health care efficiency measures, in: Health services research 44, 3, S. 784-805.

Institute of Medicine (2001)
Crossing the quality chasm: a new health system for the 21st century, Washington, National Academy Press.

Institute of Medicine (2007)
Rewarding Provider Performance: Aligning Incentives in Medicare, Washington, National Academy Press.

Jaster, H. J. (1997)
Qualitätssicherung im Gesundheitswesen, Stuttgart, Georg Thieme-Verlag.

Jewell, D. (2010)
Guide to Evidenced-based Physical Therapy Practice, Massachusetts, Jones & Bartlett Publishers-Verlag.

Kalk, A., Paul, F. A., Grabosch, E. (2010)
'Paying for performance' in Rwanda: does it pay off?, in: Tropical Medicine & International Health 15, 2, S. 182-190.

Kane, R., Johnson, P., Town, R., Butler, M. (2004)
Economic Incentives for Preventive Care, online verfügbar: http://www.ahrq.gov/downloads/pub/evidence/pdf/ecinc/ecinc.pdf [Stand: 12.11.2010].

Katrak, P., Bialocerkowski, A. E., Massy-Westropp, N., Kumar, S., Grimmer, K. A. (2004)
A systematic review of the content of critical appraisal tools, in: BMC Medical Research Methodology, 4, S. 22.

KBV (2009)
KBV entwickelt Starter-Set ambulanter Qualitätsindikatoren, online verfügbar: http://daris.kbv.de/daris/doccontent.dll?LibraryName=EXTDARIS^DMSSLAVE&SystemType=2&LogonId=495cbba94c9844e9f8a997196135adef&DocId=003759278&Page=1 [Stand: 10.11.2010].

Khan, K., Kunz, R., Kleijnen, J., Antes, G. (2004)
Systematische Übersichten und Meta-Analysen.: Ein Handbuch für Ärzte in Klinik Und Praxis sowie Experten im Gesundheitswesen, Berlin, Springer-Verlag.

Khanduja, K., Scales, D. C., Adhikari, N. K. (2009)
Pay for performance in the intensive care unit-Opportunity or threat?, in: Critical Care Medicine 37, 3, S. 852-858.

Khunti, K., Gadsby, R., Millett, C., Majeed, A., Davies, M. (2007)
Quality of diabetes care in the UK: comparison of published quality-of-care reports with results of the Quality and Outcomes Framework for Diabetes, in: Diabetic Medicine 24, 12, S. 1436-1441.

KVB (2010)
Qualitätsorientierte Vergütung in der ambulanten Versorgung, online verfügbar: http://www.kvb.de/fileadmin/data/dokumente/Presse/Rede-Statement/KVB-Statement_Koehler_Qualitaetsorientierte_Verguetung_10_02_2010.pdf [Stand: 11.02.2011].

Lagarde, M., Haines, A., Palmer, N. (2009)
The impact of conditional cash transfers on health outcomes and use of health services in low and middle income countries, in: Cochrane Database Systematic Review, 4, S. 1-51.

Lauterbach, K., Schrappe, M. (2009)
Gesundheitsökonomie, Management und Evidence-based Medicine: Handbuch für Praxis, Politik und Studium, Stuttgart, Schattauer-Verlag.

Leonardi, M. J., McGory, M. L., Ko, C. Y. (2007)
A systematic review of deep venous thrombosis prophylaxis in cancer patients: implications for improving quality, in: Annals of Surgical Oncology 14, 2, S. 929-936.

Lindenthal, J., Sohn, S., Schöffski, O. (2004)
Praxisnetze der nächsten Generation: Ziele, Mittelverteilung und Steuerungsmechanismen, Norderstedt, Books on Demand GmbH.

Littman, B. (2006)
Pay for performance, in: Maryland Medical Journal 7, 2, S. 21-28.

Loffgren, D. (2005)
Overview of selected Pay for Performance Programs, online verfügbar: http://www.ttac.org/tcn/peers/pdfs/P4P_Report.pdf [Stand: 11.11.2010].
Lussier, J. P., Heil, S. H., Mongeon, J. A., Badger, G. J., Higgins, S. T. (2006)
A meta-analysis of voucher-based reinforcement therapy for substance use disorders, in: Addiction 101, 2, S. 192-203.
Mason, A. (2008)
New medicines in primary care: a review of influences on general practitioner prescribing, in: Journal of Clinical Pharmacy and Therapeutics 33, 1, S. 1-10.
Matthes, N. (2009)
Value-based purchasing for hospitals: Early lessons from the US, in: Gesund heitsökonomie & Qualitätsmanagement 14, 3, S. 132-143.
McDonald, R., White, J., Marmor, T. R. (2009)
Paying for performance in primary medical care: Learning about and learning from "success" and "failure" in England and California, in: Journal of Health Politics, Policy and Law 34, 5, S. 747-776.
McNamara, P. (2005)
Quality-based payment: Six case examples, in: International Journal for Quality in Health Care 17, 4, S. 357-362.
McNamara, P. (2006)
Foreword: payment matters? The next chapter, in: Medical Care Research and Review 63, 1 Suppl., S. 5-10.
Meddings, J. A., McMahon Jr., L. F. (2008)
Measuring quality in pay-for-performance programs: From 'one-size-fits-all' measures to individual patient risk-reduction scores, in: Disease Management and Health Outcomes 16, 4, S. 205-216.
Mehrotra, A., Damberg, C. L., Sorbero, M. E., Teleki, S. S. (2009)
Pay for performance in the hospital setting: what is the state of the evidence?, in: American Journal of Medical Quality 24, 1, S. 19-28.
Michalczuk, R., Mitchell, A. (2009)
Monetary incentives for schizophrenia, in: Cochrane Database of Systematic Re views, 4, S. 1-20.
Miller, F., Vandome, A., McBrewster, J. (2010)
ISI-Web of Knowledge, Saarbrücken, VDM-Verlag.
Moher, D., Tetzlaff, J., Tricco, A. C., Sampson, M., Altman, D. G. (2007)
Epidemiology and reporting characteristics of systematic reviews, in: PLoS Medicine 4, 3, S. 447-453.
NCQA (2011)
HEDIS and Quality Compass, online verfügbar: http://www.ncqa.org/tabid/187/Default.aspx [Stand: 22.01.2011].
Ortelbach, B. (2007)
Controlling in wissenschaftlichen Verlagen: Analyse IT-induzierter Veränderungen wissenschaftlicher Verlage und Konzeption ausgewählter Controlling-Instrumente, Göttingen, Universitätsverlag

Oxman, A. D., Cook, D. J., Guyatt, G. H. (1994)
Users' guides to the medical literature. VI. How to use an overview. Evidence-Based Medicine Working Group, in: Journal of the American Medical Association 272, 17, S. 1367-1371.

Oxman, A. D., Fretheim, A. (2009)
Can paying for results help to achieve the Millennium Development Goals? Overview of the effectiveness of results-based financing, in: Journal of Evidence-Based Medicine 2, 2, S. 70-83.

Paul-Ebhohimhen, V., Avenell, A. (2008)
Systematic review of the use of financial incentives in treatments for obesity and overweight, in: Obesity Reviews 9, 4, S. 355-367.

Petersen, L. A., Woodard, L. D., Urech, T., Daw, C., Sookanan, S. (2006)
Does pay-for-performance improve the quality of health care?, in: Annals of Internal Medicine, 4, S. 265-272.

Pharmazeutische Zeitung (2010)
Opfer von Wettbewerb und Geldmangel?, online verfügbar: http://www.pharmazeutische-zeitung.de/index.php?id=35841 [Stand: 12.02.2011].

Pierce, R. G., Bozic, K. J., Bradford, D. S. (2007)
Pay for performance in orthopaedic surgery, in: Clinical Orthopaedics and Related Research, 457, S. 87-95.

Rosenthal, M. B., Fernandopulle, R., Song, H. R., Landon, B. (2004)
Paying for quality: providers' incentives for quality improvement, in: Health Affairs 23, 2, S. 127-141.

Rosenthal, M. B., Frank, R. G. (2006)
What is the empirical basis for paying for quality in health care?, in: Medical Care Research and Review 63, 2, S. 135-157.

Sabatino, S. A., Habarta, N., Baron, R. C., Coates, R. J., Rimer, B. K., Kerner, J., Coughlin, S. S., Kalra, G. P., Chattopadhyay, S. (2008)
Interventions to increase recommendation and delivery of screening for breast, cervical, and colorectal cancers by healthcare providers systematic reviews of provider assessment and feedback and provider incentives, in: American Journal of Preventive Medicine 35, 1 Suppl., S. 67-74.

Schatz, M. (2008)
Does pay-for-performance influence the quality of care?, in: Current Opinion in Allergy and Clinical Immunology 8, 3, S. 213-221.

Schlosser, R. W., Wendt, O., Sigafoos, J. (2007)
Not all systematic reviews are created equal: Considerations for appraisal, in: Evidence-Based Communication Assessment and Intervention 1, 3, S. 138-150.

Scott, A., Peter, S., Ait Ouakrim, D., Willenberg, L., Naccerella, L., Furler, J., Young, D. (2010)
The effect of financial incentives on the quality of health care provided by primary care physicians, in: Cochrane Database of Systematic Reviews, 4, S. 1-8.

Shi, Y. (2008)
What impact does physician pay-for-performance program have on the quality of health care in office-based chronic disease care?-A systematic review, Search Faculty, Alberta.

Sikka, R. (2007)
Pay for performance in emergency medicine, in: Annals of Emergency Medicine 49, 6, S. 756-761.

Sorbero, M. E., Damberg, C., Shaw, D., Teleki, S. S., Lovejoy, S. (2006)
Assessment of Pay-for-Performance Options for Medicare Physician Services: Final Report, U.S. Department of Health and Human Services, Washington.

Statistisches Bundesamt (2010)
Gesundheitsausgaben, online verfügbar: http://www.destatis.de/jetspeed/portal/cms/Sites/destatis/Internet/DE/Navigation/Statistiken/Gesundheit/Gesundheitsausgaben/Gesundheitsausgaben.psml [Stand: 10.01.2011].

Steel, N., Willems, S. (2010)
Research learning from the UK Quality and Outcomes Framework: a review of existing research, in: Quality in primary Care 18, 2, S. 117-125.

Stone, E. G., Morton, S. C., Hulscher, M. E., Maglione, M. A., Roth, E. A., Grimshaw, J. M., Mittman, B. S., Rubenstein, L. V., Rubenstein, L. Z., Shekelle, P. G. (2002)
Interventions that increase use of adult immunization and cancer screening services: a meta-analysis, in: Annals of Internal Medicine 136, 9, S. 641-651.

Stone, P. W. (2009)
Economic burden of healthcare-associated infections: An American perspective, in: Expert Review of Pharmacoeconomics and Outcomes Research 9, 5, S. 417-422.

Szecsencyi, J., Stock, J., Broge, B. (2003)
Qualität greifbarer machen: Qualitätsindikatoren der AOK für Arztnetze, in: Zeitschrift für Managed Care und Care Management 6, 1, S. 18-20.

Town, R., Kane, R., Johnson, P., Butler, M. (2005)
Economic incentives and physicians' delivery of preventive care - A systematic review, in: American Journal of Preventive Medicine 28, 2, S. 234-240.

Vaghela, P., Ashworth, M., Schofield, P. (2009)
Population intermediate outcomes of diabetes under pay-for-performance incentives in England from 2004 to 2008, in: Diabetes Care 32, 1, S. 427-429.

Van Herck, P., De Smedt, D., Annemans, L., Remmen, R., Rosenthal, M. B., Sermeus, W. (2010)
Systematic review: Effects, design choices, and context of pay-for-performance in health care, in: BMC Health Services Research, 10, S. 247.

Wagner, K., Lenz, I. (2007)
Erfolgreiche Wege in die Integrierte Versorgung: Eine betriebswirtschaftliche Analyse, Stuttgart, Kohlhammer-Verlag.

Zander, B. (2008)
Bonus für erfolgreiches Heilen, online verfügbar: http://www.stern.de/wirtschaft/geld/aerztehonorare-bonus-fuer-erfolgreiches-heilen-620862.html [Stand: 12.02.2011].

Anhang

Der Anhang ist online verfügbar unter:

www.gm.wiso.uni-erlangen.de/buch/P4P

Schriften zur Gesundheitsökonomie

HERZ

Health Economics Research Zentrum
Buchweizenfeld 27
31303 Burgdorf
Fax: +49(0)5136/976187
email: herz@schoeffski.de

Bisher erschienen:

Band 1 *Steininger-Niederleitner, M., Sohn, S., Schöffski, O. (2003)*
Managed Care in der Schweiz und Übertragungsmöglichkeiten nach Deutschland
ISBN 3-936863-00-8, 172 S., 18 Abb., Geb. EUR 19,90

Band 2 *Esslinger, A. S. (2003)*
Qualitätsorientierte strategische Planung und Steuerung in einem sozialen Dienstleistungsunternehmen mit Hilfe der Balanced Scorecard
ISBN 3-936863-01-6, 276 S., 36 Abb., 50 Tab., Geb. EUR 29,90

Band 3 *Lindenthal, J., Sohn, S., Schöffski, O. (2004)*
Praxisnetze der nächsten Generation: Ziele, Mittelverteilung und Steuerungsmechanismen
ISBN 3-936863-02-4, 216 S., 16 Abb., 19 Tab., Geb. EUR 24,90

Band 4 *Steinbach, H., Sohn, S., Schöffski, O. (2004)*
Möglichkeiten der Kalkulation von sektorenübergreifenden Kopfpauschalen (Capitation)
ISBN 3-936863-03-2, 312 S., 22 Abb., 28 Tab., Geb. EUR 29,90

Band 5 *Glock, G., Sohn, S., Schöffski, O. (2004)*
IT-Unterstützung für den medizinischen Prozess in der integrierten Versorgung
ISBN 3-936863-04-0, 208 S., 22 Abb., Geb. EUR 24,90

Band 6 *Hagn, D., Schöffski, O. (2005)*
Orphan Drugs. A Challenge for the Pharmaceutical Industry in Europe
ISBN 3-936863-05-9, 160 S., 37 Abb., 20 Tab., Geb. EUR 19,90

Band 7 *Pelleter, J., Sohn, S., Schöffski, O. (2004)*
Medizinische Versorgungszentren. Grundlagen, Chancen und Risiken einer neuen Versorgungsform
ISBN 3-936863-06-7, 196 S., 18 Abb., Geb. EUR 24,90

Band 8 *Sohn, S. (2006)*
Integration und Effizienz im Gesundheitswesen. Instrumente und ihre Evidenz für die integrierte Versorgung
ISBN 3-936863-07-5, 288 S., 26 Abb., 28 Tab., Geb. EUR 29,90

Band 9 *Hämmerle, P., Estelmann, A., Schwandt, M., Schöffski, O. (2006)*
Moderne Verfahren der Qualitätsberichterstattung im Krankenhaus
ISBN 3-936863-08-3, 140 S., 33 Abb., Geb. EUR 19,90

Band 10 *Marschall, D. (2007)*
Positionierung einer erfolgreichen Arzneimittelmarke
ISBN 978-3-936863-09-3, 244 S., 54 Abb., 24 Tab., Geb. EUR 24,90

Band 11 *Haarländer, S., Bühner, A., Schwandt, M., Schöffski, O. (2007)*
Public Private Partnership (PPP) im Krankenhausbereich
ISBN 978-3-936863-10-9, 192 S., 32 Abb., 3 Tab., Geb. EUR 24,90

Band 12 *Schmitt-Rüth, S., Esslinger, A. S., Schöffski, O. (2007)*
Der Markt für Medizintechnik – Analyse der Entwicklungen im Wandel der Zeit
ISBN 978-3-936863-11-6, 172 S., 20 Abb., 6 Tab., Geb. EUR 19,90

Band 13 *Sauer, F. (2007)*
Erfolgsfaktoren für das marktorientierte Management patentgeschützter Arzneimittel
ISBN 978-3-936863-12-3, 388 S., 54 Abb., 29 Tab., Geb. EUR 34,90

Band 14 *Emmert, M. (2008)*
Pay for Performance (P4P) im Gesundheitswesen – Ein Ansatz zur Verbesserung der Gesundheitsversorgung?
ISBN 978-3-936863-12-3, 460 S., 41 Abb., 77 Tab., Geb. EUR 39,90

Band 15 *Patzak, M. (2009)*
Alternative Finanzierungsinstrumente für Krankenhäuser
ISBN 978-3-936863-14-7, 320 S., 340 Abb., 28 Tab., Geb. EUR 39,90

Band 16 *Heil, A., Schwandt, M., Schöffski, O. (2009)*
Darstellung ärztlicher Weiterbildungskosten im Krankenhaus
ISBN 978-3-936863-15-4, 156 S., 9 Abb., 8 Tab., Geb. EUR 24,90

Band 17 *Held, S., Bolte, C., Bierbaum, M., Schöffski, O. (2009)*
Impact of Big Pharma organizational structure on R&D productivity
ISBN 978-3-936863-16-1, 160 S., 22 Abb., 29 Tab., Geb. EUR 24,90

Band 18 *Lauerer, M., Emmert, M., Schöffski, O. (2011)*
Die Qualität des deutschen Gesundheitswesens im internationalen Vergleich
ISBN 978-3-936863-17-8, 204 S., 14 Abb., 27 Tab., Geb. EUR 24,90

Band 19 *Scheppach, M., Emmert, M., Schöffski, O. (2011)*
Pay for Performance (P4P) im Gesundheitswesen: Leitfaden für eine erfolgreiche Einführung
ISBN 978-3-936863-18-5, 184 S., 23 Abb., 18 Tab., Geb. EUR 24,90